절대 손해보지 않는 재테크 정석

100억대 자산가가 되기 위한 부동산 투자

안정기 지음

100억대 자산가가 되기 위한
부동산 투자

초판 1쇄 발행 2025년 12월 12일

지은이	안정기
발행인	권선복
편 집	한영미
디자인	서보미
마케팅	권보송
전자책	서보미
발행처	도서출판 행복에너지
출판등록	제315-2011-000035호
주 소	(157-010) 서울특별시 강서구 화곡로 232
전 화	0505-613-6133, 010-3267-6277
팩 스	0303-0799-1560
홈페이지	www.happybook.or.kr
이메일	ksbdata@daum.net

값 22,000원
ISBN 979-11-24134-06-1 (13320)

Copyright ⓒ 안정기, 2025

* 이 책은 저작권법에 따라 보호받는 저작물이므로 무단전재와 무단복제를 금지하며, 이 책의 내용을 전부 또는 일부를 이용하시려면 반드시 저작권자와 〈도서출판 행복에너지〉의 서면 동의를 받아야 합니다.

도서출판 행복에너지는 독자 여러분의 아이디어와 원고 투고를 기다립니다. 책으로 만들기를 원하는 콘텐츠가 있으신 분은 이메일이나 홈페이지를 통해 간단한 기획서와 기획의도, 연락처 등을 보내주십시오. 행복에너지의 문은 언제나 활짝 열려 있습니다.

100억대 자산가가 되기 위한
부동산 투자

안정기 지음

절대 손해 보지 않는 재테크 정석

정부 정책에 순응하라!

역세권 서울 아파트가 답이다!

세금 전략은 필수다!

머리말

　독자 여러분도 이 책을 통해 부동산으로 돈을 버는 원리(재테크 불변의 법칙)를 제대로 이해한다면 부자가 될 수 있다. 이 책을 여러 번 탐독하면서 부동산 투자를 통하여 부동산 부자가 되길 원한다면, 부동산 재테크에 관한 책 및 재테크 세미나 등에도 참석해 보길 추천한다. 이론을 숙지하고 조금씩 실천해야만 부자가 되는 길이 반드시 열린다.

　재테크를 하려는 목적은 자신의 자산 가치를 증식하고, 인플레이션 헤지(Inflation Hedge) 효과로 인한 내 자산을 지키는 첫걸음이 되며, 은퇴 후 안정된 생활을 유지하기 위한 '파이프 라인'을 확보하는 데 있다. 이는 노후생활의 경제적 안정을 만드는 중요한 수단이 된다.

　문재인 정부 시기에 집값이 급등하면서 부동산 정책이 이십여 차례 발표됐다. 취득세에서 보유세, 양도소득세까지 세금 강화가 그 골자이며, 세법이 하도 자주 바뀌다 보니 일반인들은 물론 세무사들조차 바뀐 세법을 정확히 알기 어렵다. 지금은 투자를 하면서 "세법이 어려워서 몰랐다"라는 말이 통하지 않는 시대다. 성공적인 투자를 위해서는 부동산 지식뿐만 아니라 세금 전략까지 함께 준비하는 것이 필수다.

특히 아파트·상가·토지 등을 취득할 때는 양도 시점을 고려해 세금을 줄이는 '세테크'를 반드시 생각해야 한다.

부동산 투자에서는 정부 정책에 순응하고, 수도권 아파트보다는 입지와 편리한 생활 기반 시설이 잘 갖춰진 역세권 서울 아파트를 구입해야 한다. 수익형 부동산을 구입할 때는 입지, 안정적인 임대 수익, 미래 자산 가치 상승이 핵심 요소이며, 반드시 최소 4~5년이 경과한 상가에 투자해야 한다.

좋은 정보를 얻었다면 망설이지 말고 과감하면서도 신속하게 실행에 옮기는 태도가 성공적인 투자의 핵심이다.

이 책은 총 5개 분야로 구분하고, 분야별로 8개의 세부 소제목으로 나누어 이해하기 쉽게 자세히 설명하였다.

Part 1은 '아파트' 편으로, 투자에 있어 정부 정책에 맞서지 말고 순응하면서, 똘똘한 역세권 서울 아파트를 구입하는 것의 중요성과 투자 방향을 다루고 있다.

Part 2는 '상가' 편으로, 수익형 부동산은 불투명한 미래에 커

다란 버팀목의 역할을 한다는 것을 골자로 하여, 상권 분석, 투자 전략, 운영 노하우, 법적 문제 등을 중심으로 구성하였다.

Part 3은 '재테크' 편으로, 부동산 강좌를 이용하여 기초지식을 습득하고, 부동산 투자의 보물창고이며 투자의 방향성과 지침을 제시하는 국토종합계획과 안전 투자의 지원군이자 성공 투자의 지름길인 도시기본계획의 활용 방법을 다루고 있다.

Part 4는 '땅 투자(토지시장)' 편으로, 토지 투자 시 최종적으로 고려해야 할 '지역, 입지, 용도지역'을 확인한 뒤 투자해야 함을 핵심으로 구성하였다.

Part 5는 '세무' 편으로, 부동산 계약 체결 전에 양도소득세 과세 체계를 이해하고 세무사 3명에게 상담받고 양도하는 것이 바람직하다는 점을 다루고 있다.

『100억대 자산가가 되기위한 부동산 투자』는 필자가 34년간 공직 생활을 하며 주경야독으로 경영학 박사학위를 취득하고, 재테크와 부동산을 배우는 과정에서 얻은 지식과 경험을 바탕으로 집필하였다.
재테크 관련 도서는 물론, 인터넷 매체와 AI(Gemini, ChatGPT) 활용,

각종 매스 미디어(Mass Media) 자료를 폭넓게 참고하여 집필하였다.

이 한 권의 책이 독자 여러분에게 부동산 재테크를 통해 자산 가치를 높이고, 이론을 탄탄히 익혀 '손해 없는 투자'를 실현하는 지침서이자 불변의 법칙이 되길 바란다.

독자 여러분이 이 책을 여러 번 탐독하여 단순한 지식에 머무르지 않고, 충분한 이해를 바탕으로 과감하고 신속한 실행력을 발휘해 재테크의 정석을 실천하길 기대한다.

이 책이 여러분의 성공적인 투자와 부의 성장에 실질적인 도움이 되기를 진심으로 바란다.

2025년 11월
안정기

추천사

송동섭

現 동남보건대학교 이사장
미국 NYSKC대학교 명예총장/대한민국 가족지킴이 총재
前 단국대학교 교무처장, 재무처장, 상경대학장, 경영대학원장 역임

　세상에는 수많은 책이 출간되지만, 독자의 인생을 바꾸는 책은 그리 많지 않습니다. 저는 교육자로서, 또 시대의 흐름을 읽어야 하는 교육기관의 책임자로서 수많은 지식과 지혜를 접해왔습니다. 그러나 이번에 안정기 박사님이 집필한 『100억대 자산가가 되기 위한 부동산 투자』는 단순한 투자 지침서를 넘어, 삶을 관통하는 불변의 원칙과 부의 철학을 담아낸 탁월한 저작이라는 확신을 갖게 되었습니다.

　저는 동남보건대학교 이사장으로서, 그리고 미국 NYSKC대학교 명예총장이자 대한민국 가족지킴이 총재로서 이 책을 추천하는 것에 큰 자부심을 느끼며, 그만큼의 가치와 무게가 이 책 속에 담겨 있음을 확신합니다.

　안정기 박사님은 단순히 이론을 나열하는 저자가 아닙니다. 그는 서울시 공직자로서의 경험과 수많은 현장 경험을 통해, 실패와 성공을 오가며 터득한 진리를 독자에게 전해주고 있습니다. 부동산은 누구나 알고 있지만, 아무나 성공할 수 없는 분야입니다. 그러나 안정기 박사님은 자신만의 치열한 삶의 궤적과 깊은 통찰을 통해 '절대 손해 보지 않는 법칙'을 만들어 냈습니다. 이는 단순한 지식이 아니라, 오랜 세월의 축적과 검증을 통해 다듬어진 재테크의 정석이라 할 수 있습니다.

저자는 '투자는 단순히 돈을 버는 행위가 아니라, 삶의 지혜를 담아내는 과정'임을 강조합니다. 바로 이 지점에서, 독자는 단순한 재산 증식의 방법을 넘어, 삶을 풍요롭게 만드는 길을 배우게 될 것입니다.

이 책의 가장 큰 가치는 현실적인 실천 지침과 불변의 원칙이 균형을 이루고 있다는 점입니다. 대부분의 투자서가 일시적인 유행이나 특정한 기술에 머무르는 경우가 많습니다. 그러나 이 책은 일시적이 아닌, 시대가 변해도 통용되는 지혜를 전달합니다. "절대 손해보지 않는 재테크 정석"이라는 부제는 결코 과장이 아닙니다. 이 책을 읽는 독자는 누구나 자신의 재정 상황과 목표에 맞게 적용할 수 있는 구체적이고 실천 가능한 전략을 얻게 될 것입니다.

특히 이 책은 단순히 부자가 되는 방법을 넘어, 어떻게 하면 삶의 주인이 될 수 있는지에 대한 철학적 통찰까지 담고 있습니다.

이는 교육자로서 제가 늘 강조해 온 지혜와 인성의 조화와도 맥을 같이 합니다.

저는 늘 많은 학생들과 젊은이들에게 '배움은 결국 삶을 더 가치 있게 만드는 길'이라고 말해왔습니다. 이 책은 바로 그 말의 실천적 답변을 보여 줍니다. 투자를 통해 부를 일구는 과정은 단순히 재산의 축적이 아니라, 자기 자신을 단련하고 시대를 이끌어가는 힘을 기르는 과정입니다.

안정기 박사님의 저서는 바로 이러한 과정을 누구나 따라갈 수 있도록 안내하는 지도(map)와도 같습니다. 저는 이 책을 읽는 모든 독자가 경제적 자유와 더불어 정신적 풍요로움까지 얻을 수 있으리라 확신합니다. 이 책은 단순한 투자 지침서가 아니라, 미래를 준비하는 인생의 교과서이기 때문입니다.

저는 이 책을 모든 이들에게 자신 있게 추천합니다.

학생에게는 올바른 경제관을, 사회 초년생에게는 실천적 지혜를, 기업가와 투자자에게는 더 큰 도약의 힘을 줄 것입니다. 안정기 박사님의 『100억대 자산가가 되기 위한 부동산 투자』는 단지 한 시대를 위한 책이 아니라, 앞으로 다가올 세대에도 길잡이가 될 지혜의 책입니다. 저는 이 책이 한국 사회를 넘어 세계 각국의 독자들에게도 읽히기를 진심으로 소망합니다. 그리고 이 책을 통해 더 많은 사람들이 경제적 자유와 인생의 풍요를 누리게 되기를 간절히 바랍니다.

이용학
강서구 부동산연합회 방일 지사장

　주경야독으로 대학원에서 함께 공부하며 우정을 쌓았던 안정기 박사의 도서 출간을 진심으로 축하합니다. 저자는 자신의 투자 경험을 바탕으로 다양한 재테크 정보를 체계적으로 정리하여, 투자자들이 올바른 방향으로 나아갈 수 있도록 돕고자 했습니다. 이러한 집필 의도에 깊이 공감하며 감사의 마음을 전합니다.

　특히 역삼동 재테크 강의실에서 쌓은 지식과 도시기본계획 및 인터넷을 활용한 정밀 분석을 통해, 2019년 5월 원산도 개발 및 당진시 개발 예정지에 선제적으로 투자하여 약 90%의 상승률로 양도차익을 실현한 저자의 혜안(慧眼)은 현직 부동산 중개인인 저에게 매우 인상적이었으며 큰 감명을 주었습니다.

　앞으로도 안정기 박사의 깊이 있는 연구와 통찰이 더 많은 이들에게 유익함과 영감을 전해주길 바랍니다.

양군섭
가인감정평가법인 자문위원장

저자는 『100억대 자산가가 되기 위한 부동산 투자』를 통해 자산 형성의 원칙과 방법을 체계적이고 설득력 있게 제시하고 있습니다. 투자 기법만 나열하는 데 그치지 않고, 장기적인 안목과 올바른 금융 철학을 강조하며, 독자로 하여금 재테크를 '돈을 버는 수단'이 아니라 '삶을 설계하는 지혜'로 인식하게 한다는 점에서 큰 의미가 있습니다.

저는 35년간 우리은행에서 근무하며 다양한 금융 현실을 목도하였고, 이후 11년간 단국대학교 회계학과 교수로 재직하며 이론과 실무를 아울러 연구해 왔습니다. 퇴임 후에는 가인감정평가법인 자문위원장으로 활동하는 한편, 친환경 농업을 경영하며 새로운 균형을 모색하고 있습니다.

이러한 다면적 경험의 시각에서 보더라도, 본서는 재테크를 고민하는 일반 독자는 물론 금융 실무자들에게까지 유용한 지침서로 평가할 만합니다. 저자의 열정과 노력에 깊은 경의를 표하며, 이 책이 많은 독자에게 올바른 부의 방향을 제시하는 든든한 길잡이가 되기를 기대합니다.

송준호
세무법인 한백택스 세무사

    안정기 박사님의 책 출간을 축하드립니다.

    오랜 기간 쌓아 오신 경험과 현장 감각을 바탕으로 집필한 책인 만큼, 많은 투자자에게 실질적인 도움이 될 것이라 확신합니다. 아파트, 상가, 재테크 등 다양한 부동산 분야를 균형 있게 다루었으며, 특히 투자 시 반드시 고려해야 할 세금 문제를 함께 논의한 부분은 세무 실무자로서 깊이 공감되는 내용이었습니다.

    다시 한번 출간을 축하드리며, 이 책이 부동산 투자자들에게 신뢰할 만한 지침서로 자리매김하길 바랍니다.

목차

머리말 …………………………………………………………………… 004
추천사 …………………………………………………………………… 008

Part 1. 아파트

01 정부 정책에 순응하라 ……………………………………………… 022
02 소형 아파트 부동산을 구입하라 …………………………………… 032
03 역세권 아파트 투자가 답이다 ……………………………………… 038
04 아직도 서울 아파트 투자가 괜찮나요? …………………………… 042
05 재건축 아파트 진행 순서 및 투자 시 장점 ……………………… 049
06 '똘똘한 다가구 주택 1채', 월세도 받고 세금도 적게 내고 …… 056
07 미니 재건축, '가로주택정비사업'에 주목하라 …………………… 062
08 수도권 아파트보다 핵심지역 서울 아파트를 구입하라 ………… 069

Part 2. 상가

- 01 수익형 부동산, 금리 인상이 관건이다 ········· 083
- 02 상가형 수익형 부동산 ········· 088
- 03 1층 상가만 고집하지 마라 ········· 093
- 04 역세권 상가 투자 주의점 ········· 098
- 05 수익형 부동산은 입지 선택이 중요하다 ········· 103
- 06 집값 규제에 반사이익, '꼬마빌딩 몸값' 껑충 ········· 108
- 07 상가 투자 성공을 위한 5가지 조건 ········· 114
- 08 '지식산업센터' 아파트형 공장에 주목하라 ········· 119

Part 3. 재테크

- 01 부동산 강좌를 자주 이용하라 ········· 130
- 02 투자의 원칙은 분산투자나 소액투자가 원칙이다 ········· 135
- 03 부동산 임대 사업자가 돼라 ········· 141
- 04 무릎에서 사서 어깨에서 팔라 ········· 150
- 05 국토종합계획과 도시기본계획을 면밀히 분석하라 ········· 155
- 06 부동산 투자, 현장에 답이 있고, 실천이 답이다 ········· 161
- 07 재테크에 관한 유튜브 채널을 꾸준히 시청하라 ········· 168
- 08 돈이 오랜 시간 묶이는 것은 올바른 투자가 아니다 ········· 173

Part 4. 땅 투자

- 01 현지 공인중개사를 이용하라 ······ 182
- 02 "초보 투자자를 노린다", 땅 투자 사기당하지 않는 법 ······ 186
- 03 그린벨트 내 투자 성공 가능성과 주의점 ······ 190
- 04 땅을 곱게 단장시키면 프리미엄이 생긴다 ······ 194
- 05 토지 투자 물건 선정 시 최종 고려할 3가지 : 지역, 입지, 용도지역 ······ 198
- 06 돈 되는 임야를 만드는 '지목 변경' 하는 방법 ······ 203
- 07 시가화 예정 용지를 선점하라 ······ 210
- 08 토지 투자 지역 선택 핵심 분석 ······ 217

Part 5. 세무

- 01 양도소득 과세 체계를 이해하라 ······ 227
- 02 3명의 세무사와 친해라 ······ 231
- 03 일시적 2주택 비과세 1-2-3 법칙을 활용하라 ······ 235
- 04 필요경비를 챙겨라 ······ 238
- 05 '자금 출처 조사'에 대비하라 ······ 242
- 06 증여는 최소한 10년 단위로 하라 ······ 247
- 07 '장기보유 특별공제'를 활용하라 ······ 251
- 08 증여와 상속을 비교 분석하라 ······ 254

맺음말 ······ 260
참고 도서 ······ 263
출간후기 ······ 265

CONTENT

01 정부 정책에 순응하라
02 소형 아파트 부동산을 구입하라
03 역세권 아파트 투자가 답이다
04 아직도 서울 아파트 투자가 괜찮나요?
05 재건축 아파트 진행 순서 및 투자 시 장점
06 '똘똘한 다가구 주택 1채', 월세도 받고 세금도 적게 내고
07 미니 재건축, '가로주택정비사업'에 주목하라
08 수도권 아파트보다 핵심지역 서울 아파트를 구입하라

Part 1.
아파트

'아파트' 편 핵심 요약

· 정부가 부동산 시장을 부양하기 위해 규제를 완화하는 방향으로 정책을 펼 때, 부동산 투자를 실행하면 된다.

· 부동산을 구입한다면 투자자의 취향에 맞게 선택하지 말고, 다수의 사람이 선호하는 지역 입지의 부동산을 선택해야 한다.

· '부동산 투자는 예측의 영역이 아니라 대응의 영역'이라 생각해야 한다. "정책을 이기는 투자자는 없다." 정책에 맞서는 투자자는 실패할 가능성이 크며, 가장 뛰어난 투자자는 대책을 예상하고 그에 맞춰 투자하는 사람이다.

· 부동산 투자는 정부 정책, 시장 상황, 개인의 투자 목표와 같은 세 가지 축을 균형 있게 고려하여 신중하게 결정해야 한다.

· 돈 되는 아파트를 고를 때 반드시 살펴야 할 7가지 조건
1. 입지 2. 교육시설 3. 주거문화를 위한 웰빙(well-being) 환경 4. 편리한 생활 기반시설 5. 브랜드 및 대규모 단지 6. 주변 지역과의 차별성·우월성을 강조 7. 인구 유입 증가가 예상되는 지역의 아파트

〈수도권 아파트보다 서울 아파트를 구입하라〉

부동산 소재지	취득연도	취득가액	호가 (매가)	비고
안산시 상록구 본오동	1990년	8,700만 원	5억 원	-
강남구 개포동	1983년	7,000만 원	28~30억 원	추가 분담금 4,000만 원 포함
관악구 신림동	2016년	5억 1천만 원	11~13억 원	추가 분담금 3억 3천5백만 원 포함
성동구 성수동	2017년	37억 5천만 원	187억 원	주상복합아파트
성동구 성수동	1970년 (?)	-	130억 원 거래됨	땅값만 평당 3억 4,574만 원

이재명 정부 2025년 10월 15일 부동산 대책

〈조정대상지역, 투기과열지구, 토지거래허가구역 지정 현황 : 3중 규제 적용〉

· 서울 25개 구 전 지역 + 경기도 12곳 : 과천, 광명, 성남 (분당·수정·중원), 수원 (영통·장안·팔달), 안양 동안, 의왕, 하남, 용인 수지

강남, 서초, 송파, 용산구를 제외한 나머지 지역은 새로 지정됨.

· 규제 지역(투기과열지구, 조정대상지역)은 2025년 10월 16일부터 적용
· 토지거래허가구역은 2025년 10월 20일 ~ 2026년 12월 31일부터 적용

규제 지역 (투기과열지구, 조정대상지역)	대출 제한	LTV(주택담보인정비율) 70% → 40% 1억 원 초과 신용대출 시, 1년간 규제 지역 내 주택 취득 제한
	세금 강화	– 다주택자 취득세 3~4% → 최고 12% – 양도소득세 20~30% 포인트 중과 – 1주택자도 2년 실거주해야 양도소득세 감면
	청약 규제	– 분양권 3년 전매 제한 – 청약 당첨 시 10년간 재당첨 제한
	재건축·재개발 규제	조합원당 새 아파트 배정 1채로 제한 조합원 지위 양도 금지
	자금 출처 검증 강화	– 자금 조달 계획서 및 입주 계획, 증빙자료 제출
토지 거래 허가 구역	갭투자 차단	– 내·외국인 공히 취득일로부터 2년간 의무 거주
	비주택 대출 규제	– 오피스텔·상가 구입 시 LTV(주택담보인정비율) 70% → 40%
대출 규제	주택담보대출 축소	– 15억 원 이하 아파트 6억 원(현행과 동일) 15억 원 초과~25억 원 이하 아파트 4억 원 25억 원 초과 아파트 2억 원으로 제한
	전세대출 축소	– 1주택자가 수도권에서 전세대출을 받을 시, 이자 상환액 DSR(총부채원리금상환비율)에 반영

01

정부 정책에
순응하라

    부동산 투자는 정부 정책에 순응하는 것이 매우 중요한 원칙이라고 할 수 있다. **정부 정책은 부동산 시장의 방향을 결정하는 핵심적인 요소이다.** 정책의 방향에 역행하는 투자는 큰 위험을 초래할 수 있으며, 리스크가 크다는 점을 강조한 조언이다.

    좌파, 우파를 불문하고 정부는 기본적으로 부동산 시장의 과열도 침체도 원하지 않으므로, 물가상승률 정도의 안정적인 상승을 원한다.

따라서 정부가 부동산 시장을 부양시키기 위해 규제를 완화하는 방향으로 정책을 펼 때 부동산 투자를 실행**하면 된다. 투자자가 하나둘 참여하여 시장이 과열돼 정부나 언론에서 연일 부동산 시장의 활황세에 대하여 언급한다면, 일정 투자 수익이 실현되었을 때 욕심을 버리고 **미래 가치가 없는 부동산**은 정리해야 한다.

부동산 시장이 지속적으로 과열되면 정부에서는 반드시 시장을 진정시킬 규제 정책을 내놓게 된다. 이것은 지난 60년간의 대한민국 부동산 정책의 일관된 패턴이다. 정부 정책에 순응하지 않고 맞서는 사람은 투자 손실이라는 막대한 수업료를 톡톡히 치러야 한다.

투자 목적으로 부동산을 구입한다면, 투자자의 취향에 맞춰 선택하지 말고 **다수의 사람이 선호하는 지역 입지의 부동산을 선택**해야 한다. 아울러 지역별 공급 물량을 항상 예의 주시해야 하며, 매도 예상 시점의 공급 물량을 파악하고 투자를 결정해야 한다. 왜냐하면 부동산은 주식처럼 오늘 사서 당장 내일 팔 수 있는 물건이 아니기 때문에 **정부 정책이 부동산을 사라고 권유하는 시기, 대출도 많이 해주면서 금리까지 낮춰주는 시기, 부동산 침체기에 일반인들이 군중심리에 휩쓸려 좋은 물건을 집어 던지는 시기** 등이 바로 투자의 적정 시기이다.

이러한 시기에 공급까지 부족할 것이 예상되는 지역은 하늘이 내린 기회로 알고 반드시 투자를 실행해야 하며, 공격적인 투자도 가능할 것이다. 하지만 반대의 시기에는 자신의 재정 수준을 살펴보고 능력에 맞는 투자를 하든지 또는 쉬어야 한다. **강한 자가 살아남는 것이 아니라 살아남은 자가 강한 것**이다.

이재명 정부는 과거 정부와 달리 부동산 시장의 자율성을 존중하고, 공급을 늘려 시장을 안정시키려는 명백한 정책 방향을 가지고 있다. 그러나 고금리, PF(Project Financing) 부실 등 대내외적인 경제 환경과 맞물려 부동산 시장의 불확실성(금리 변동성·지역별 양극화·공급 부족 우려)은 여전히 존재하며, 정책의 실효성과 시장의 반응을 지속적으로 지켜볼 필요가 있다.

무엇보다도 정부는 양질의 주거 공간을 지속적으로 공급하겠다는 메시지(신호·정책)를 시장에 전달하고 실제로 공급해야 한다. 그 방법만이 시장을 진정시킬 수 있으며, 반시장적인 규제책은 반드시 부작용을 초래하여 언젠가는 그에 상응하는 대가를 치르게 된다.

입지가 좋고 전망이 뛰어난, 사람들이 살고 싶어 하는 아파트는 공급이 부족하므로, 가격이 상승해도 수요가 늘어난다. 반대로 입지 및 전망, 교통 등이 좋지 않아 살고 싶지 않은 아파트는 가격이 저렴해도 수요가 늘지 않는다.

그래서 필자는 '**부동산 투자는 예측의 영역이 아니라 대응의 영역**'이라 생각하며, 예측하지 못했다면 다음 시장에 대비해서 대응이라도 잘해야 한다. 버틸 수 있으면 버티고 못 버티면 손해를 보고서라도 손절매해서 기초 체력을 비축해야 할 것이다.

혹한기에 살아남아 새로운 봄날을 맞이할 수 있다는 희망으로 시장에 겸허히 대응한다면 기회는 반드시 온다. 역사적으로 볼 때 부동산 시장은 **상승과 조정을 반복하면서 우상향**해 왔다.

이재명 정부의 2025년 6월 27일 부동산 정책인 '수도권 주택담보대출 한도 6억 원 제한'으로 인해 부동산 시장이 얼어붙었다. 부동산 투자자들은 정부 정책을 비판하면서 오래된 격언을 들먹인다.

"**시장을 이기는 정부는 없다.**" 맞는 말이다. 하지만 투자자는 어떠한 상황에서도 불평해서는 안 되며 오히려 이런 격언을 더 명심해야 한다.

"**정책을 이기는 투자자는 없다.**" 정책에 맞서는 투자자는 실패할 가능성이 크므로 부동산 정책이 발표되기 전에 선제적으로 움직이는 것이 가장 현명한 투자 방법이다.

부동산 대책은 단기적 변수다. 참여정부 때부터 수십 차례의 부동산 대책이 발표되었지만, 사실 정부가 원하는 대로 시장을 움직이기가 쉽지 않았다. 길면 3개월 내지 6개월 후부터 부동산 시장은 다시 원래 상태로 돌아가곤 하므로, **가장 뛰어난 투자자는 대책을 예상하고 그에 맞춰 투자하는 사람이다.** 하지만 대부분의 투자는 쉽지 않은 전략이다.

국내 최고의 부동산 전문가라 해도 부동산 대책의 흐름을 꼭 집어내지는 못한다. 그만큼 부동산은 여타 경제 변수와 맞물려 있어 복합적인 특성을 가지기 때문이다. 부동산 시장은 **대응하는 것**이지 **예측하는 것**이 아니다.

주택시장이 과열됨으로써 사회 문제화되고 있는 시점에 정부가 시장에 개입하는 것은 당연한 일이다. 그러나 정부의 각종 부동산 정책에도 불구하고 강남을 중심으로 한 핵심지역의 외연은 오히려 확대되고 있다.

핵심지역의 입지가 한층 공고해지면서 이들 지역을 중심으로 한 부동산 버블이 오히려 강화되는 양상이다. 반면, 서울 및 수도권의 비핵심 지역과 수도권 남부 지역은 가격 상승 폭이 제한적이거나 미미한 수준에 머물고 있다.

이재명 정부 2025년 6월 27일 부동산 정책을 살펴보면 다음과 같다.

1. 수도권과 규제 지역 안에서 주택담보대출 만기를 30년 이내로 제한한다.

이는 DSR(Debt Service Ratio, 총부채원리금상환비율) 규제 우회를 방지하기 위해서 만들어진 것이며, 소유권 이전 조건부 전세대출을 금지한다고 한다. 이는 실거주가 아닌 갭투자 목적의 주택 구입을 방지하기 위함이라고 보면 된다.

2. 신용대출 한도를 차주(借主)별 연 소득 이내로 제한한다.

이는 신용대출을 활용해서 주택을 구입하는 것을 방지하기 위함이다.

3. 주택 구입 목적의 주택담보대출 여신한도를 6억 원으로 제한한다.

목적은 고가주택을 매매하기 위해서 과도하게 대출을 받는 것을 막기 위함이라고 보면 된다. 그 때문에 실제 대출금액은 6억 원 한도 내에서 LTV(Loan To Value ratio · 주택담보대출비율), DTI(Debt To Income ratio · 총부채상환비율), DSR(Debt Service Ratio · 총부채 원리금 상환 비율) 등에 따라서 상이해질 것이다.

1) LTV 등 규제 강화에 대해서 설명하면, 가장 먼저 수도권과 규제 지역 안에서 생애 최초 주택 구입 목적의 주택담보대출의 LTV를 강화한다고 한다. **전입 의무도 6개월 이내로 부과한다고 한다.**

2) 주택기금 디딤돌, 버팀목 대출에 대해서 대출 최대 한도를 대상별로 축소, 조정한다고 한다.

3) 주택 구입 시 주택담보대출을 받았을 때 6개월 안에 전입 의무를 부과하는 것은, 금융권 대출을 실거주 목적에 한해 활용할 수 있게끔 하는 것이 목적이라고 한다.

4) 전세대출 보증 비율을 90%에서 80%로 현행보다 강화하고, 2025년 7월 21일부터 시행한다고 한다.

이재명 정부 2025년 6월 27일 부동산 정책 중 보유세 등을 살펴보면 다음과 같다.

1. 현재 보유세 등 세금에 관한 정책은 발표되지 않았다.
2. 2025년 6월 27일 부동산 정책 이후 시장 상황을 모니터링하고 추가 정책을 발표할 예정이다.
3. 추가 수요 억제책은 보유세, 양도소득세 등 세제 강화와 더 강한 고강도의 대출 규제 등이 거론되고 있다.

수도권 집중 현상은 더욱 강해지고 있으며, **부동산 투자는 정부 정책과 맞서면 곤란하고 순응하면서 투자**해야 한다. 정부 정책에 **순응해야 하는 이유**는 다음과 같다. (이재명 정부는 3차례에 걸쳐 부동산 대책을 내놓았다.)

1. 정부는 세금, 금융 규제, 공급 조절 등 다양한 정책 수단을 통

해 부동산 시장에 강력한 영향력을 행사할 수 있으므로, 개인 투자자가 이러한 힘에 맞서기는 매우 어렵다.
2. 정부 정책은 부동산 시장의 단기적, 장기적인 방향성을 제시하는 나침반 역할을 하므로, 정책의 흐름을 파악하고 투자 전략을 수립하는 것이 성공적인 투자의 첫걸음이다.
3. 정부가 특정 방향으로 정책을 추진할 때, 이에 역행하는 투자는 규제 강화의 직접적인 타깃이 될 수 있다. 예를 들어 투기 과열을 막기 위한 정책이 시행될 때 다주택자에 대한 세금 부담(취득세·양도소득세 중과)이 늘어나거나 대출 규제가 강화될 수 있다.
4. 정부 정책은 부동산 관련 세금에 큰 영향을 미친다. 보유세, 양도소득세 등은 정부 정책에 따라 세율이나 과세 기준이 변동될 수 있으므로, 정책 방향과 반대로 투자하면 예상치 못한 세금 부담을 지게 될 수도 있다.
5. 정부 정책 발표는 시장 참여자들의 심리에 큰 영향을 미치며, 정책 방향과 반대되는 투자는 시장의 전반적인 흐름과 어긋나 불안감을 야기할 수 있다.
6. 정부가 특정 지역에 규제를 강화하면 대출 제한, 세금 증가, 거래 제한 등으로 인해 수익이 줄거나 자산 가치가 하락 할 수 있다.

그렇다면 **정부 정책에 발맞춰 부동산 투자를 하려면** 어떻게 해야 할까?

1. 정부 정책의 면밀한 분석을 통하여 부동산 관련 정부 발표나 법안 개정, 규제 변화 등을 꾸준히 확인하고 그 내용을 정확히 이해해야 한다.
2. 정책의 의도 파악을 통하여 단순히 발표된 내용뿐만 아니라, 정부가 해당 정책을 통해 달성하고자 하는 목표와 시장에 미치는 영향을 종합적으로 분석해야 한다.
3. 정부 정책의 방향에 따라 수혜 지역이나 부동산 상품에 주목하는 것이 유리하다. 예를 들어, 신도시 개발 정책이 발표되면 해당 지역의 부동산 가치 상승을 기대해 볼 수 있다.
4. 정부 정책은 단기적으로 시장에 변동성을 줄 수 있지만, **장기적인 관점에서 정책의 흐름을 따라 투자하는 것이 안정적인 수익**을 얻는 데 도움이 될 수 있다.
5. 부동산 전문가나 세무 전문가의 조언을 참고하여 투자 전략을 수립하는 것이 좋다.

예를 들어,
1) 정부가 주택 공급 확대를 위해 특정 지역에 신도시 개발 정책을 발표했다면, 해당 지역의 토지나 분양 예정인 아파트에 관심을 가져 볼 수 있다.
2) 정부가 다주택자에 대한 세금혜택을 축소하고 규제를 강화하는 정책을 발표했다면, 다주택자는 투자를 신중하게 고려해야

하며, 임대 사업보다는 **실수요 위주의 투자 전략**을 고려해 볼 수 있다.
3) 정부가 저금리 정책을 유지하고 있다면, 부동산 투자에 대한 자금 조달 부담이 줄어들 수 있지만, 동시에 부동산 가격 상승을 유발할 수 있으므로 신중한 접근이 필요하다.

결론적으로 **부동산 투자는 정부 정책, 시장 상황, 개인의 투자 목표**와 같은 세 가지 축을 균형 있게 고려하여 신중하게 결정해야 한다. 정부의 정책 방향과 일치하는, 정책의 흐름을 파악하고, 이에 부합하는 투자가 성공의 열쇠이다. 정부 정책에 순응하고 투자하여야 리스크를 줄이고 수익성을 높일 수 있다.

성공적인 부동산 투자를 하기 위해서는 정부 정책의 기조를 읽고, 그에 발맞춘 투자가 가장 현명한 전략이며, 지름길임을 명심해야 한다.

02

소형 아파트 부동산을 구입하라

아파트 시장 트렌드가 중·대형에서 소형으로 시장수요가 이동된 지는 오래되었다.

소형 아파트 투자가 매력적인 선택지가 될 수 있는 것은 분명하다. 특히 요즘처럼 1~2인 가구가 늘어나는 추세에는 수요가 꾸준하다는 장점이 있다. 하지만 '무조건 답'이라고 단정하기보다는, 여러 요소를 종합적으로 고려해서 투자 결정을 내리는 것이 중요하다고 생각한다.

초소형 주거시설 투자 시에는 주거의 질보다 편의성에 염두를

두어야 하므로 '교통 여건'을 가장 우선시해야 한다.

교통수단 중에서도 단연 지하철 근접성이 가장 중요하다. 투자의 귀재들이 신규 분양이든 기존 건물이든, 도심 역세권에 주목하는 이유도 마찬가지다. 주변에 지하철역이 있는 도심 아파트는 낡아도 출퇴근 시간이 짧아 수요가 많아서, 임대 걱정도 없을뿐더러 임대료도 당연히 높게 형성된다. 물론 수요가 많기 때문에 공실률도 낮다. 이는 수익률이 높다는 의미와 같다.

초소형 부동산의 수요가 증가하는 가장 핵심적인 배경은 역시 가구 변화다. 가구 구성의 변화는 소비생활에 직접적인 영향을 미친다.

혼밥, 혼술 등 소비패턴이 확산되면서, 1인과 경제를 뜻하는 이코노미(economy)의 합성어인 '일코노미(1conomy)'라는 신조어도 등장했다. 일부 자취생, 독신자 정도로만 인식했던 1인 가구가 이제는 시장을 움직이는 주류 소비자층의 지위를 굳혀 가고 있다. 다이소나 편의점의 급성장은 1회용품을 선호하는 1~2인 가구의 급증 외에는 설명할 길이 없다.

1~2인 가구 증가는 일시적인 유행이 아니며, 통계청의 국가통계포털의 '장래가구추계'를 인용하면, 2030년이 되면 전체 인구가 약 5,130만 명으로 추정하여, 1인 가구는 전체 인구의 17.6%인 약 901만 6천 가구로 추계될 것이다.

통계청에서 발표하는 '장래가구추계'는 미래 시점의 가구 수와 가구원 수 변화를 예측하는 통계자료인데, 과거의 자료를 바탕으로 미래를 예측하는 것이므로, 실제 결과와 차이가 발생할 수 있다.

2인 가구는 전체 가구의 14.2%인 약 727만 가구로 예상된다. 2인 가구는 자녀 없는 부부, 이혼 또는 사별로 인한 부모 1명 + 자녀 1명 가구 등 다양한 형태로 증가할 것으로 보인다.

따라서 2030년에는 1인 가구와 2인 가구가 1,628만 6천 명으로 전체 가구의 31.7%를 차지하며, 가장 보편적인 가구 형태가 될 것으로 예측된다. 특히 1인 가구 중에서는 고령층 1인 가구의 증가세가 두드러질 것으로 예상된다.

이러한 통계는 저출산, 고령화, 결혼 및 출산 시기 지연, 이혼율 상승 등 다양한 사회적 요인에 의해 나타나는 현상으로 분석된다.

이와 같은 인구 및 소비 트렌트 변화가 몰고 올 미래의 모습은 짐작하기 어렵지 않다. '나 홀로 가구'는 무엇보다 부동산 시장을 뒤흔들 수 있는 폭발적인 잠재 수요층이다. 당장 3~4인 가구 위주의 주택 시장은 거대한 변화가 불가피하며, 오피스텔, 사무실 상가 등 모든 부동산 상품에도 가구 변화에 맞는 새로운 질서가 요구된다. 변화는 이미 시작되고 있다.

소형 아파트 투자의 장점은 다음과 같다.
1. 중대형 아파트에 비해 초기 투자 비용 부담이 적어서 접근성이

용이하다.
2. 혼자 살거나 신혼부부에게는 소형 아파트가 적합한 주거 형태이기 때문에 임대 수요가 꾸준한 편이다.
3. 공실 위험을 줄이고 안정적인 임대 수익을 기대해 볼 수 있다.
4. 거래 회전율이 비교적 높은 편이므로 환금성이 용이하다.

단점과 고려해야 할 사항은 다음과 같다.
1. 일반적으로 중대형 아파트에 비해 가격 상승 폭이 작으므로 상대적으로 낮은 시세 차익이 발생한다.
2. 기본적인 관리 항목은 동일하게 적용되어, 면적 대비 관리비 부담이 크다.

현재의 1~2인 가구 트렌드가 미래에도 지속될지는 미지수이기 때문에 가족 구성원의 변화나 라이프 스타일의 변화에 따라 소형 아파트의 선호도가 낮아질 가능성도 고려해야 한다.

〈소형 아파트 투자 시 유의사항〉
1. 고가의 소형 아파트는 안 된다. 일반 서민이 부담 없는 가격에 쉽게 들어올 수 있는 소형 아파트를 말한다.
2. 주변 다른 아파트의 공급계획을 확인해야 한다.
서울과 수도권은 주변의 공급이 크게 이루어지기 힘든 만큼,

공급이 있다고 해도 규모가 크지 않기 때문에 신경 쓸 일이 없지만, 지방은 아파트 지을 땅이 많기 때문에 주변에 다른 아파트의 공급 유무에 신경 써야 한다.
3. 거대한 산업단지가 없는 도시는 피해야 한다.
산업단지가 있어야 끊임없이 수요가 창출되고, 도시가 살아 움직이고, 상가나 학원 시설이 활기를 띤다.
4. 대단지 아파트여야 한다.
적어도 850~950세대가 넘는 아파트를 선택해야 한다. 1,200세대 이상이면 더욱 좋다. 주변에 대단지 아파트가 들어서면 우선 교통이 좋아지고, 학원가 및 주변에 상가 등 편의 시설이 형성될 것이다.
5. 전세가가 단기간에 오른 아파트는 피해야 한다.
매매가와 전세가가 장기간 동반해서 올라야 좋은 아파트다.

초소형 부동산의 핵심 수요층인 1~2인 가구는 뚜렷한 그들만의 특징이 있으며, 거주하는 지역, 선호하는 주택의 종류, 라이프 스타일 등에서 다인(多人) 가구와는 구별된다. 1~2인 가구의 성향은 소득 수준과 연령대별로 각각 다르며, 주거 소비 형태는 초소형 부동산 시장을 좌우하는 핵심 변수이다.

〈초소형 부동산이 인기를 끄는 이유〉

1. '나 홀로 가구'의 증가

우리나라도 1~2인 가구의 위력은 TV를 통해서도 짐작할 수 있는데, 큰 인기를 끌고 있는 〈나 혼자 산다〉 등의 프로그램은 1인 가구를 배경으로 삼아 시청자들의 공감을 사고 있는 대표적인 사례다.

2. 급격한 도시화

도시 집중은 초소형 부동산에 대한 수요를 확산시키는 역할을 하고 있다.

3. 주거비 부담 완화

작지만 확실한 행복을 뜻하는 '소확행(小確幸)' 인식이 깔려 있기 때문이다.

결론적으로 소형 아파트 투자는 특히 입지가 중요하고, 대중교통 접근성, 편의 시설, 직주 근접성 등 임차 수요를 끌어들일 수 있는 요소를 꼼꼼히 따져봐야 안정적인 투자가 가능하다.

03
역세권 아파트 투자가 답이다

부동산 투자에서는 **입지가 매우 중요**하다. 필자는 부동산에 투자할 때는 "첫 번째도 입지, 두 번째도 입지, 세 번째도 입지"라며, 입지의 중요성을 강조한다. 입지를 살핀다는 것은 곧 일자리, 교통, 학군, 상권, 환경을 함께 고려한다는 뜻이다.

역세권 아파트는 부동산 투자에서 가장 선호하는 유형으로, 정말 매력적인 선택지 중 하나다. 교통 편의성과 미래 가치 때문에 가격과 수익성 모두에서 강점을 가진다.

그중에서도 **입지가 매우 중요하며 역세권, 대학가, 산업단지 근처 등이 유리하다. 지하철역이라는 편리한 교통망은 주거 만족도를 높이고, 이는 곧 꾸준한 수요와 연결될 가능성이 높기 때문이다.

어떤 부동산이든 **블루칩의 제1조건은 교통**이다. 이 가운데 지하철 근접성이 필수적이다. 대도시의 생활이 주로 지하철로 이뤄지기 때문이며, 역세권은 젊은 층뿐만 아니라, 은퇴 계층에게도 주거지 선택에서 빠뜨리지 말아야 할 핵심 요소다.

65세 이상 고령자들은 지하철 무임승차 인구가 늘어나면서 병원이나 도서관, 온천 등 볼거리를 찾아가는데 지하철이 편리하게 이동할 수 있는 수단이기 때문이다. 도시의 상권까지 바뀔 정도이며, 미래에도 지하철은 고령자들이 애용하는 매력적인 이동 수단이 될 것 같다. 따라서 역세권같이 **교통 여건이 좋은 도심 아파트**는 고령사회에서도 **수요가 더욱 증가**할 것이며, 나중에 매도할 때도 잘 팔릴 것은 너무나 뻔한 이야기다.

다만 거주지는 자신의 취향대로 강이나 산이 보이며 아침저녁으로 산책하기 좋은 데를 선택하더라도, **투자는 누구나 좋아하는 역세권, 강남의 아파트** 등 임대가 잘나가는 곳에 해야 한다.

젊은 층이 가장 선호하는 지역은 역세권으로, 대학가나 오피스 밀집 지역, 산업단지를 끼고 있는 역세권이면 금상첨화다. 역세권은 수요가 많은 만큼 임대료나 매매가격이 안정적이고, 공실 부담이 덜하다. 일반적으로 역세권은 역으로부터 반경 500m 이내,

도보 10분 이내의 거리로 정의되기도 한다.

역세권 아파트 투자의 큰 장점은 뛰어난 접근성이다.
1. 직장인, 학생, 신혼부부 등 다양한 층에서 수요가 지속되므로 실거주뿐만 아니라 **임대 수요도 풍부**하고 **공실 위험을 줄일 수 있다.**
2. 부동산 시장 하락기에도 **가격 하락 폭이 작고**, 상승기에는 **빠르게 반등**하므로 가격 방어력이 우수하다.
3. **매매가 활발하게** 이루어지고, 신설 역세권이나 GTX와 같은 광역 교통망 확충 지역은 **미래 가치 상승 여지가 크다**.

하지만 **역세권 아파트 투자에도 고려해야 할 사항**들이 분명히 존재한다.
1. 역세권이라고 해도 역에서 도보 10분 이내가 이상적이다. 언덕, 횡단보도, 신호등이 많으면 체감 거리는 더 멀게 느껴진다.
2. 비역세권 아파트에 비해 매매 가격이 높게 형성되어 있으며, 초기 투자 비용 부담이 클 수 있다.
3. 지하철 운행 소음이나 주변 상업 시설로 인한 **소음 문제가 발생**할 수 있다. 유동 인구가 많은 지역은 실거주 만족도가 떨어질 수 있다.
4. 역 주변은 상업지역으로 개발되는 경우가 많아 주차 공간이 부

족하므로, 차량 이용이 많은 수요층에는 단점이 될 수 있다.

결론적으로 역세권 아파트 투자는 분명 매력적인 투자지만, 높은 초기 투자 비용과 잠재적인 단점들을 고려해야 한다. 단순히 '역세권'이라는 프리미엄만 믿고 투자하기보다는 해당 지역의 특성, 주변 환경, 미래 개발 계획 등을 꼼꼼히 분석하여 신중하게 결정하는 것이 중요하다고 생각한다.

04

아직도 서울 아파트 투자가 괜찮나요?

서울 아파트 투자는 여전히 많은 분의 관심사이므로, 여러 요소를 종합적으로 고려해 신중히 결정하고 투자해야 한다.

필자의 부동산 투자 원칙은 지역 선택인데 **향후 인구 증가, 소득 증가, 인프라**(Infrastructure) **확충, 도시 계획 등** 네 가지 요인을 갖추고 있는 지역은 성장할 가능성이 높다.

현재 서울 아파트 시장은 전반적으로 상승 곡선을 그리고 있으며, 상승과 관망이 교차하는 '숨 고르기 국면'이다. 투자에 대한 관심이 높은 상황이다. 여러 전문가의 의견을 종합해 보면 다음과 같은 특징과 전망을 확인할 수 있다.

1. 2025년 9월 말 기준 서울 아파트 시장 동향

1) 서울 아파트 시장은 정부의 대출 규제 정책과 입주 물량 감소, 매매 및 전세 시장의 복합적인 요인으로 상승 폭이 둔화되면서 관망세가 짙어지는 추세다. 2025년 6월 27일 대출 규제 시행 이후 서울 아파트 매매가 상승 폭이 3주 연속 줄었다. 강남, 서초, 성동, 마포 등 주요 지역의 상승 폭이 축소되었다.
2) 서울 아파트 매매 가격은 15개월 연속 상승했으나, 상승 폭은 크게 둔화되며 안정적인 흐름을 보이고 있다.
3) **공급 부족 이슈가 전반적인 집값 상승을 부추기는 요인**으로 작용하고 있으며, 부동산R114와 매일경제 조사 결과에 따르면 2025년 아파트 입주 예정 물량은 28,614가구이고, 2026년은 9,640가구, 2027년 9,573가구로, 공급량에 대한 시장의 민감도가 높다. 재개발·재건축 등 정비사업도 공사 기간 증가, 자재 값 상승, 분담금 문제 등으로 순조롭지 않은 상황이다. 참고로 조사기관마다 가구 수 차이가 있다.
4) 서울 아파트가 **장기 우상향하는 안전 자산으로 인식**되면서 실거주자뿐만 아니라 지방의 투자 수요까지 유입되고 있다.

2. 2026년 서울 아파트 시장 전망

1) 강남, 송파, 성동, 용산 등 인기 지역과 외곽 지역 간의 가격 차이가 더욱 벌어질 가능성이 높다.

2) 2026년 서울 아파트값에 대해 많은 전문가가 약 3~5% 정도 상승할 것으로 예상하고 있으며, 일부 전문가는 약 5% 이상의 상승을 전망하기도 한다.

3) 부동산 전문가들은 크게 **'공급 부족'과 '대출 규제', 그리고 '금리 인하·동결'이라는** 세 가지 복합적인 요인이 맞물려 서울 집값이 더 상승할 것으로 예상한다. 아파트 분양 물량 감소 및 규제책 수위 등이 변수로 작용할 것으로 보인다.

4) 대출 규제 등으로 인해 거래량 증가를 제한할 수 있고, 가격 급등보다는 **완만한 상승세**로 전환될 수 있다.

5) 정부 규제 및 세제 조정으로 대출 규제 강화, 보유세·양도소득세 인상 등 규제 카드를 적극 활용할 가능성이 높다.

6) 공급 부족의 여파로 신축 아파트의 희소성 프리미엄이 확대될 것이며, 이는 가격 상승의 분기점이 될 수 있다.

7) 2026년 서울 아파트 시장은 전반적으로 상승 흐름을 재확인하는 해가 될 가능성이 높다. 다만, 상승 폭은 인기 지역과 비인기 지역의 지역별, 단지별, 상품성에 따라 달라질 것이다.

3. 투자 시 고려 사항 및 위험 요소

1) 아파트 투자의 핵심은 '**입지**'다. 직주 근접, 교통 편의성, 양질의 일자리 증가 여부 등을 꼼꼼히 확인해야 한다.
2) 고가로 분양된 신축 아파트는 입주 후 분양가보다 하락하는 경우도 있으므로, **분양가 상한제가 적용되는 지역**은 상대적으로 안전할 수 있다.
3) 금리 인하·동결의 기대감이 있지만, 거시 경제 상황에 따라 **금리 변동이 투자에 영향**을 미칠 수 있다.
4) 부동산 시장 상황에 따라 정부의 규제 정책이 언제든지 나올 수 있으므로 **보수적으로 투자해야** 한다.

또한 서울 아파트 투자 시 긍정적인 측면을 먼저 살펴보면 다음과 같다.

1. 높은 수요로 서울은 **꾸준한 인구 유입과 주거 선호도가 높아** 기본적으로 부동산 수요가 탄탄하다. 특히 신축이나, 역세권, 학군이 좋은 지역의 아파트는 희소성이 있어 가치가 쉽게 떨어지지 않는 경향이 있다.
2. 상대적으로 **안정적인 시장**이지만, 변동성은 존재한다. 장기적으로 볼 때 서울 아파트 가격은 꾸준히 상승해 왔으며, 정부 정책이나 경제 상황에 따라 일시적인 조정은 있을 수 있지만, 회복력이 강한 편이다.

3. 서울 곳곳에서 재개발·재건축·교통망 확충 등 **다양한 개발 호재가 진행**되고 있거나 예정되어 있어, 특정 지역의 미래 가치 상승을 기대해 볼 수 있다.

하지만 부정적인 측면도 간과할 수 없다.
1. 다른 지역에 비해 대출 규제 등으로 인해 자기 자본 비중이 높아야 하며, **높은 진입 장벽을 가진다.**
2. 보유세, 양도소득세 등 부동산 관련 세금이 만만치 않고, 다주택자의 경우 세 부담이 더욱 커질 수 있어 투자 수익률에 영향을 미칠 수 있다.
3. 금리 인상, 정부 정책 변화, 경제 상황 악화 등 외부적인 요인에 따라 부동산 시장이 위축될 수 있으며, 최근 몇 년간 급격한 가격 상승 이후 조정 국면에 있다는 분석도 있다.
4. 서울 내에서도 지역별·단지별 가격 차이가 크고, 투자 유망 지역과 그렇지 않은 지역이 명확히 구분될 수 있어 '묻지 마 투자'는 위험할 수 있다.

성공적인 투자를 위해서는 다음과 같은 요소들을 신중하게 고려해야 한다.
1. 투자 목적 및 기간이 단기 차익을 목표로 하는지, 장기적인 가치 상승을 기대하는지에 따라 투자 전략이 달라져야 한다.

2. 자금 계획으로 자기 자본 규모, 대출 가능 금액, 세금 등을 종합적으로 고려하여 현실적인 투자 계획을 세워야 하며, 대출 규제 및 금리 변동에 대비하여 충분한 자금 계획을 세워야 한다.
3. 지역 및 단지 분석을 철저히 하여 단순히 서울이라는 지역에 집중하기보다는 **특정 지역의 개발 호재**, 교통망, 학군, 주변 환경, 미래 가치 등을 꼼꼼하게 분석해야 한다.
4. 실거주 목적과 투자 목적을 명확히 하고, 그에 맞는 전략을 세워야 한다. 서울 전체의 흐름뿐만 아니라 투자하려는 개별 단지의 입지, 주변 환경, 공급 계획, 재개발·재건축 여부 등을 면밀히 분석해야 한다.
5. 정부의 부동산 정책 변화와 부동산 시장 동향을 꾸준히 주시하고, 이에 따른 투자 전략을 수정해야 한다.

결론적으로 서울 아파트 시장은 이재명 정부의 3차례 부동산 강력한 규제 대책으로 매수 심리가 위축되고 거래량이 감소하는 추세이다. 하지만 공급 부족과 전세가 상승 압력, 재건축 등 일부 호재가 있는 지역을 중심으로 한 국지적인 상승세는 지속될 가능성도 있다. 투자가 유망한 측면은 분명히 존재하지만, 과거와 같은 높은 수익률을 기대하기는 어려울 수 있다.

조사기관별로 차이는 있지만, 2025년보다 2026~2027년에는 **입주 물량이 대폭 감소할 것으로 예측된다.** 주요 근거는 정비사업 지연과 건설경기 위축이다. 전문가들은 부동산 시장의 불확실성이 커지면서 **실수요자들의 신중한 접근이 필요**하다고 조언하고 있다. 부동산 투자는 향후 금리, 정책 변화 등 변동성이 크고, 위험이 따른다는 점을 명심해야 한다.

05

재건축 아파트 진행 순서 및 투자 시 장점

    재건축 아파트는 우리나라에서 부동산 투자로 고수익을 기대할 수 있는 대표적인 수익형 부동산 투자 중 하나다.

    이는 재건축 과정에서 분양가 대비 집값이 크게 올라 투자자 입장에서 큰 시세 차익을 얻을 수 있기 때문이다. 높은 수익 가능성만큼 리스크도 크기 때문에 철저한 분석이 필요하다.

    재건축은 오래된 아파트를 철거하고 새 아파트를 건설하는 사업으로, 주변 환경 개선과 도시 계획, 지역사회 활성화에 기여하는 중요한 사업이다.

재건축 사업을 진행하게 되면 '분담금'과 '부담금'이라는 비용이 발생할 수 있다.

1. 재건축 분담금

재건축 분담금은 재건축 사업 과정에서 조합원이 기존 주택 가격보다 더 비싼 새 아파트를 분양받을 때, 차액을 납부하는 금액이다.

산정 기준은 조합원 분양가에서 조합원 권리가액을 뺀 금액으로 계산되며, 권리가액은 종전 자산 평가액에 비례율을 곱하여 산출한다.

- 분담금 = 조합원 분양가 − 권리가액
- 권리가액 = 종전 자산 평가액 × 비례율

납부 시기는 사업 진행 단계에 따라 분할 납부하거나, 준공 후 잔금과 함께 납부하는 경우가 많다. 목적은 재건축 사업의 원활한 진행을 위해 필요한 자금을 확보하는 것이다.

예를 들면 만약 조합원 분양가가 7억 원이고, 권리가액이 5억 원이라면 분담금은 2억 원(7억 원 − 5억 원)이다. 즉, 조합원은 2억 원을 추가로 부담해야 새 아파트를 분양받을 수 있다.

쉽게 말해서 재건축 사업을 통해서 벌어들인 돈이 많으면 권리가액이 높아져 분담금을 납부하지 않고, 환급을 받을 수 있다.

2. 재건축 부담금

재건축 부담금은 재건축 초과 이익 환수제에 따라 재건축으로 인해 발생한 시세 차익의 일정 부분을 국가에 반납하는 것으로, 재건축 초과 이익 환수제에 따라 결정된다.

산정 기준은 재건축으로 얻은 이익에서 개발 비용 등을 제외한 초과 이익에 일정 요율을 곱하여 산출한다. **납부 시기는 재건축 사업 완료 후 부과되며,** 납부 시기는 관련 법규에 따라 정해진다.

목적으로는 재건축으로 인한 불로소득을 일부 환수하여 사회에 환원하고, 부동산 시장 안정화를 도모하는 것이다.

재건축 초과 이익 부담금 부과 기준은 2024년 4월 개정안이 시행된 초과 이익 8,000만 원을 초과하면 부과 대상이 되며, 준공 시 주택 가격에서 조합 설립 시 주택 가격 및 개발 비용을 뺀 후 부과율을 곱해 재건축 부담금을 산정한다.

> 재건축 부담금 =
> (준공 시 주택 가격 − 조합 설립 시 주택 가격 − 개발 비용) × 부과율

공사 기간이 길어지면 준공 시점에 주택 가격이 올라 부담금이

올라갈 가능성이 높아진다.

　공사비가 올라 재건축 사업성이 좋지 않은데, 조합에게 재건축 부담금까지 부과하는 것으로 금융 부담을 가중시켜 재건축을 통한 주택 공급이 원활하지 않을 수 있다.

　이러한 이유로 정부는 2023년 12월 재초환법(재건축 초과 이익 환수법)을 개정하여 보유 기간에 따라 부담금을 10~70%로 낮추고, 초과 이익 면제 대상을 3,000만 원에서 8,000만 원으로 상향했다.

　하지만 재건축 조합원들은 국토부가 재건축 부담금 산정 기준으로 참고하는 **부동산원의 주택 가격 동향 지수의 적정성을 지적**하고 있다. 재건축 부담금 폐지는 많은 사람들이 관심을 가지고 있는 사안이다.

〈 재건축 분담금과 부담금 비교 〉

구분	재건축 분담금	재건축 부담금
정의	조합원이 새로운 주택을 분양받을 때 **차액 납부 금액**	재건축 사업으로 인해 발생하는 초과 이익의 일부를 **국가에 환수하는 세금**의 성격
계산 방식	조합원 분양가액 기준 또는 대지 지분 기준	주택 가격 동향 지수를 이용한 방식 또는 개별 주택 가격 산정 방식을 이용한 방식
목적	**조합 운영 및 사업비 조달**	부동산 시장 안정화 도모, **개발 이익 사회로 환원**
법적 근거	도시 및 주거환경정비법 등 (조합 정관에 따름)	재건축 초과 이익 환수에 관한 법률
납부 대상	조합원	원칙적으로 조합이 부담금 징수 납부하고 조합원들은 조합에 분담한다.

〈재건축 아파트 진행 순서〉

1. 정비 기본 계획을 수립 : 10년 단위로 재건축 기본 방향을 설정
2. 안전 진단 : 건물의 노후도, 구조적 안전성, 설비 노후도 등을 평가
3. 정비 구역 지정 : 지자체 승인
4. 추진위원회 구성
5. 조합 설립 인가 : 토지 등 소유자의 75% 이상(4분의 3 이상) 동의와 동의한 소유자의 토지 면적이 전체의 50% 이상이면 관할 구청의 인가 고시를 받아야 효력이 발생한다. 조합원 지위는 양도가 제한된다.
참고로 재개발은 관리 처분 인가 이후 조합원 지위가 양도 제한된다.
6. 시공사 선정
7. 사업 시행 인가
8. 종전 자산 평가
9. 조합원 분양 신청
10. 관리 처분 계획 인가 : 분양 가격, 조합원 부담금 등을 수립, 분양 이주 계획 확정
11. 이주 및 철거
12. 착공 및 일반 분양
13. 준공 및 입주
14. 조합 해산 및 청산

〈재건축 아파트 투자 시 장점〉

1. 새 아파트 선호도가 높다. 신축 아파트는 최신 설계, 설비, 마감재 등을 갖추고 있어 주거 만족도가 높고 시장 선호도가 높다.
2. 주거 환경 개선 및 가치 상승을 기대할 수 있어 입지 조건이 좋은 지역의 재건축은 높은 시세 차익을 얻을 가능성이 있다.
3. 재건축 투자는 기존 아파트의 대지 지분을 확보하는 것이므로, 향후 부동산 가치 상승의 잠재력이 크며, 특히 용적률이 낮고 대지 지분이 넓은 아파트의 경우 사업성이 높아 추가적인 수익을 기대할 수 있다.
4. 재건축을 통해 다양한 커뮤니티 시설(헬스장, 수영장, 도서관, 조경 등)이 새롭게 조성되어 주거 편의성이 향상될 수 있다.

〈재건축 투자 시 유의 사항〉

1. 재건축 사업은 여러 단계를 거치므로 **완료까지 상당한 시간이 소요** 되며, 사업 지연, 조합 내부 갈등, 정부 정책 변화 등 예상치 못한 변수로 인해 기간이 더 길어질 수도 있다.

2. 사업 진행 과정에서 건설 비용 증가, 설계 변경 등으로 인해 조합원에게 추가 분담금이 발생할 수 있으며, 투자 전 사업성을 꼼꼼히 확인하고 **추가 분담금 발생 가능성**을 염두에 두어야 한다.

3. 재건축 사업은 관계 법규, 정부 정책, 시장 상황 등 다양한 외부 요인에 영향을 받으므로 **사업이 중간에 무산되거나 지연**될 위험이 존재한다.
4. 투기 과열 지구 등에서는 재건축 조합 설립 인가 이후 **조합원 지위 양도가 제한**될 수 있으며, 투자 시점을 신중하게 결정해야 한다.

재건축 사업은 단계별로 가격 변동성이 크므로, 적절한 매수 시점을 포착하는 것이 중요하며, 일반적으로 사업 초기 단계는 불확실성이 크지만, 가격이 낮고 사업이 진행될수록 위험은 줄어들지만 가격은 상승하는 경향이 있다.

결론적으로 재건축 사업은 금리 인상, 공사비 상승, 부동산 시장 침체로 인해 재건축 이후 분양 가격이 상승할 수 있다. 공사비가 오르면 분담금도 오르고, 시공사 입장에서는 자금 조달이 어려워 사업이 중단되거나 무산되는 사례가 발생할 수 있다.

따라서 재건축을 계획적으로 진행하기 위해서는 **공사비 산정 방식의 투명성 확보, 분담금 및 부담금에 대한 완화**, 재건축 아파트 조합원과 주민의 적극적인 참여가 이뤄져야 한다. 재건축 관련 정보를 신뢰할 수 있는 출처를 통해 확인하고, 주변 시세 및 사업 진행 상황을 꼼꼼히 살펴보고 투자해야 한다.

06

'똘똘한 다가구 주택 1채', 월세도 받고 세금도 적게 내고

필자가 무주택자 또는 1주택자에게 추천하는 세(稅)테크는 이른바 **'똘똘한 한 채'** 전략이다. 1주택자는 주택 매매 차익에 대한 양도소득세를 아예 안 내거나, 주택가액이 12억 원을 초과 시, 초과하는 부분에 대해서만 양도소득세를 납부하기 때문이다.

또한 노후를 앞둔 5060세대에 대해 '다가구 주택' 투자를 적극적으로 살펴볼 것을 추천한다.

다가구주택이란 ① 19가구 이하가 거주하는 단독주택으로 ② 층수가 3층 이하이면서 ③ 바닥 면적 합이 660㎡ 이하인 주택을 말한다. 세법상 '1주택'으로 취급돼 세금 부담이 덜한 것이 특징이다. '똘똘한 다가구 주택 1채' 사서 위층에 살고, 나머지는 월세 놓으면, 거주와 노후 생활비 문제를 동시에 해결할 수 있다.

쉽게 다가구 주택를 정의하면 하나의 등기부등본(1가구)으로, 내부는 여러 세대로 나뉜 주택이다. 통상 단독주택으로 취급되며, 건물 전체에 대한 단독 등기만 가능하며, 각 호실을 개별적으로 등기할 수 없다.

부동산 세금 전문가들은 **'부동산 투자의 시작과 끝은 세금'**이라며 다음과 같이 말했다.

"세금 관리를 안 하면 번 돈을 정부가 다 가져간다. **부동산 투자란 국가와 동업하는 것이므로**, 투자를 잘하는 것만큼이나 동업자끼리 번 돈을 어떻게 나눌지 늘 신경 써야 한다."

부동산 세제를 잘 살펴야 하는 이유가 절세에만 있는 것은 아니다. 정부가 부동산 세제 변화를 통해 시장에 메시지를 주기 때문이다. 세금 전문가들은 **"부동산 세제 변화는 세수(稅收) 증대보다는 부동산 투자를 억제하거나, 침체된 시장을 살리려는 등 정책적 목적에 따른 경우가 많다"**라면서 **"세제 변화 추이를 보면 투자 방향을 잡기도 좋다"**라고 했다.

예컨대 침체된 지역에 대해 세금 감면 혜택 등을 준다면 눈여겨 볼 필요가 있다는 것이다.

〈'똘똘한 다가구 투자'의 매력적인 장점〉

1. 본인 거주 시 1가구 1주택으로 양도소득세 비과세 혜택이 가능하다.
2. 다세대보다 건축비가 절감되므로 상대적으로 저렴하게 지을 수 있다.
3. 여러 가구로부터 월세를 받을 수 있어 공실 위험을 분산하고, 안정적인 임대 수익으로 현금 흐름을 확보할 수 있다.
4. 부동산 시장 상황에 따라 시세 차익을 기대할 수 있어 자산 증식 가능성이 있다.
5. 다양한 활용 가능성으로 향후 주택 시장 변화에 따라 직접 거주하거나, 용도 변경을 통해 새로운 가치를 창출할 수도 있다.
6. 직접 임대 관리를 통해 세입자와의 관계를 형성하고, 주택 관리에 적극적으로 참여할 수 있다.

"상가 주택이나 다가구 주택의 맨 위층에 살면서 월세 받기"가 은퇴를 앞둔 샐러리맨의 로망인 것은 나름대로 이유가 있는 셈이다.

필자의 고등학교 친구이자 은행원 출신인 유○○ 회장은 서울 **상도동 역세권 주변** 대학가에서 다가구 주택을 구입해, 친구는 꼭대기 층에서 살면서 세입자 10명에게 전세 및 월세를 놓고 임차인을 관리하고 있다.

친구는 상도동 역 입지가 좋아서 세입자가 나가면 바로 타(他)

세입자가 들어와 임차인 걱정은 크게 하지 않는다고 말한다.

아파트에 비해 임대료가 싼 다가구·다세대 주택의 가장 큰 수요는 젊은 층이다. 대부분 자산 축적이 많지 않아 대중교통을 이용하고, 이른 출근과 늦은 귀가로 바쁘게 사는 사람들이다.

〈다가구 투자 시 유의해야 할 사항〉
1. 주소가 동일해 세입자 전입 신고가 어려울 수 있다.
2. 매각 시 분할 매매가 불가능하여 전체를 한 번에 팔아야 하므로 재산 분할에 어려움이 있다.
3. 여러 세입자를 관리하는 것은 생각보다 많은 시간과 노력을 요구하므로 임대 관리의 부담이 있다.
4. 부동산은 다른 자산에 비하여 현금화하는 데 시간이 오래 걸릴 수 있어, 급하게 자금이 필요할 경우 어려움을 겪을 수 있다.
5. 시장 상황 변동성 위험으로 부동산 시장은 정부 정책 금리 변동 등 외부 요인에 민감하게 반응한다.
6. 시간이 지남에 따른 건물 노후화로 유지·보수 비용이 발생할 수 있으므로, 미리 예산을 확보하고 계획적인 관리가 필요하다.
7. 다가구가 거주하므로 임대차 계약, 하자 보수, 퇴거 등 다양한 상황에서 세입자와의 분쟁이 발생할 수 있으며, 관련 법규를 숙지하고 원만하게 해결하는 능력이 중요하다.
8. 입지 선정의 중요성으로 임대 수요, 교통, 편의 시설, 주변 환

경 등 입지 조건은 투자 수익률에 큰 영향을 미친다.

다세대 주택의 정의로는 4층 이하, 전용면적 85㎡ 이하로 각각의 세대가 **별도로 등기된 공동주택**을 말하며 개별적인 매매나 담보 설정이 가능하다.

장점으로는 세대별 등기로 투자자 유입이 용이하므로 분양 및 분할 매각이 가능하다.

등기가 분리되어 전세 세입자 보호가 가능하므로 전세금 회수에 안정적이다.

유의 사항으로는 여러 세대 소유 시 다주택자로 간주되므로 1세대 1주택 비과세가 어려울 수 있다.

세대별 소유자가 다르므로 리모델링이나 유지·보수에 어려움이 있다.

다주택자로 분류되어 취득세 중과 대상자로 분류되고 세금 부담이 증가될 수 있다.

〈똑똑한 다가구 투자를 위한 추가 조언〉

1. 철저한 시장 조사로 투자하려는 지역의 임대 시세, 공실률, 개발 호재 등을 꼼꼼히 조사 해야 한다.
2. 반드시 현장을 방문하여 건물의 상태, 주변 환경 등을 확인하고 등기부등본 등을 통해 권리 관계를 정확히 분석해야 한다.

3. 단기적인 시세 변동에 일희일비하기보다는 장기적인 관점에서 안정적인 수익을 추구하는 것이 중요하다.

결론적으로 다가구 주택 투자는 분명 매력적인 투자 선택이지만, 충분한 정보와 신중한 분석 없이 섣불리 투자에 나서는 것은 위험할 수 있다. 반드시 부동산 전문가, 세무사 등의 도움을 받아 투자 계획을 수립하는 것이 좋다.

07

미니 재건축,
'가로주택정비사업'에 주목하라

　가로주택정비사업은 최근 재개발·재건축 사업의 대안으로 떠오르며, 노후·불량 건축물이 밀집한 가로구역에서, **기존의 도로 등 가로(街路)체계와 기반 시설을 유지**하면서 소규모로 주거 환경을 개선하는 사업이다.

　가로주택정비사업이 가능한 요건은 단독 및 공동주택으로서 가로구역, 규모, 노후도, 주민 동의 요건을 충족해야 한다.

　가로구역은 도시계획도로 또는 폭 6m 이상의 건축법상 도로로 둘러싸인 사업 면적이 1만㎡ 이하이지만, 최근 서울시 조례 개정으로 1만 3,000㎡까지 도시계획위원회 심의 없이 가능하다.

주택 수로는 단독주택 10호 이상 또는 공동주택 20세대 이상이며, 토지 등 소유자 80% 이상의 동의를 받아야 한다.

문재인 정부는 2019년 12월 16일 부동산 대책을 통해 실수요자를 위한 공급 확대를 기조로 한 가로주택정비사업 활성화 정책을 내놨다. 규제도 풀고 혜택도 주었다.

LH 등 공기업이 공동 시행사로 참여하는 공공성 요건을 충족하면 사업 면적을 종전 최대 1만㎡에서 최대 2만㎡로 확대할 수 있다.

2020년 5월 6일에 발표된 '**수도권 주택 공급 기반 강화 방안**'은 부동산 대책 중 하나로, 가로주택정비사업에 이어 재개발사업에도 공공이 참여하면 **분양가 상한제 적용 제외, 용도지역 상향, 용적률 완화, 조합원 분담금 보장 등의 혜택**을 주기로 했다.

국토교통부 관계자는 "**공공 참여형 가로주택정비사업과 공공 재개발**이 도심 내 주택 공급 활성화에 도움을 줄 것"이라고 말했다.

필자는 투자의 중요성을 알기 때문에 2017년 7월 영등포구 신길동에 '여의도 샛강 지역주택조합'을 모집하는 신문광고를 보고 홍보관을 방문하였다. 홍보관에서 분양권 구입을 권유받았으나, 지역주택정비사업을 확실히 모르기 때문에 홍보관에서 알려준 신길동 지역을 방문하여 대방역 일대를 탐색하였다.

1. 역세권 입지가 마음에 들었다. 1호선 대방역에서 도보 5분, 1호선·5호선 신길역에서 도보 7분, 9호선 여의도 샛강역에서 도보 10여 분 거리이며, 2022년 5월 신림선이 개통되어 2025년 7월 현재 (4개 역) 역세권이다. 2027년 신안산선 개통되면 5개 역세권인 펜타 역세권이 되는 지역이다.

   또한 추가로 GTX-B(수도권 광역급행철도) 노선 추진 확정 : 송도 ~ 여의도 ~ 청량리 노선으로 2031년에 개통 예정이다.

2. 여의도 샛강이 바로 옆에 있고, 도보로 30여 분 가면 한강에 도착한다. 한강이나 산 등의 조망권이 중요해진 것도 한 이유다.

3. 도보로 다리를 건너면 10분 내 여의도에 도착한다. 여의도 지역은 선호도가 높은 지역으로 정치와 금융의 중심지이고 고층 빌딩이 즐비하나, 주거 공간은 상대적으로 열악하다. 하지만 여의도 성모병원, 63빌딩, 우수한 학군, 대규모 일자리 등이 있으므로 안전성과 수익성이 보장되는 지역이다.

4. 편의 시설(몰세권)이 풍부했다. 차로 10여 분 가면 영등포 롯데백화점, 신세계 백화점, 교보문고, 여의도 더현대 서울백화점 등이 있으며, 레저 환경 또한 우수한 지역이었다.

이처럼 종합적으로 입지를 조사하고 나서, 2017년 8월에 신길동 ○○번지 ○○빌라를 2억 5천만 원에 구입했다. ○○빌라를 구입한 이유는 2층 연립주택의 복층 구조로 활용도가 높고, 준공

43년이 경과한 노후 연립으로 재개발 가능성이 크다고 판단했기 때문이다. 특히 토지 지분이 14평으로 비교적 넓어, 향후 사업 추진 시 권리가액 상승과 수익률 측면에서 투자 가치가 충분하다고 보았다. 2025년 7월 현재 신길동 ○○번지(3,500평)에서는 조합원 140여 명이 가로주택정비사업을 추진 중이다.

비례율(比例率)은 재개발·재건축 등 정비사업의 사업성을 판단하는 핵심 지표이며, 비례율이 100% 초과하면 사업성이 높고, **100% 미만**이면 사업성이 낮아 조합원 **재산 가치 하락 우려**가 있다고 해석한다.

〈2025년 5월 기준 서울에서 가로주택정비사업이 완료된 곳〉

1. 서울 강동구 천호동 '**다성이즈빌**' - 2015년 가로정비사업 1호로 추진되어 2017년 준공된 사례다.

    1987년 준공된 기존 3층 노후 동도연립이 지하 1층 ~ 지상 7층, 총 96세대 규모의 소규모 아파트로 탈바꿈했으며, 기존 조합원 66가구가 모두 재입주해서 성공한 사례다.

2. 서초구 **서초동 '낙원, 청광 연립'** - 2015년 10월 조합 설립 인가를 받았고, 2020년 7월 지하 3층 ~ 지상 최고 14층, 2개 동, 전용면적 50~84㎡, **67세대**의 아파트와 부대 복리시설을 완성하였다. 이 단지의 이름은 '서초 자이르네(Seocho Xirene)'이다.

3. 서울 강서구 등촌동 '등촌 파밀리에 더클래식' - **강서구 첫 가**

로정비사업의 성공 사례로 지하 1층 ~ 지상 7층, **120세대**(일반분양 33세대) 규모로 추진되어 2017년 조합 설립 후 2020년 5월에 준공된 사례다.

〈가로주택정비사업의 장점〉

1. 사업 기간이 단축되고 비용이 절감되며 재당첨 제한, 분양가 상한제, 초과 이득 환수제 미적용된다.
2. 대규모 재건축에 비해 초기 투자 비용 부담이 적을 수 있으며, 기존 주택을 활용하여 사업에 참여하는 방식도 가능하다.
3. 원주민 재정착이 용이하며, 이는 사업 추진 과정에서의 갈등을 줄이는 요인이 될 수 있다.
4. 정부나 지자체에서 다양한 지원 정책을 시행하는 경우가 있으므로 정부 지원 정책을 활용하면 사업성을 높일 수 있다.
5. 도심 내 주거지 공급 효과로 수도권 등 알짜 입지에서 주택을 공급하므로 가치 상승 가능성이 크다.

〈가로주택정비사업 투자 시 유의 사항〉

1. **입지와** 대상지 내 전체 건축물 중 3분의 2 이상이 준공 후 30년 이상 경과하는 등 **노후도 요건을 충족**하는지 확인해야 한다.
2. 재건축 사업에 비해 용적률과 층수 제한 등으로 인해 **사업성이 낮아, 사업 확보의 어려움**이 있을 수 있다.

3. 사업 추진 과정에서 **주민 동의 확보의 어려움**으로, 사업이 지연되거나 무산될 위험이 존재한다.
4. 조합 설립을 위한 **토지 등 소유자 총원의 10분의 8 이상**(80% 이상) **및 사업 시행 구역 토지 면적의 2/3 이상**(약 66.7% 이상)**의 토지 소유자의 동의**가 있어야 한다.
5. **대형 건설사의 참여를 기대하기 어려울** 수 있으며, 시공사의 경험 부족이나 부실시공 위험도 고려해야 한다.
6. 금융기관의 대출 조건이 불리하거나, 추가적인 자금 확보가 필요할 시 **자금 조달의 어려움**이 있을 수 있다.
7. 사업 추진 과정에서 설계 변경, 인허가 지연, 물가 상승 등으로 인해 **예상치 못한 추가 비용이 발생**할 수 있다.

〈투자 유망지〉

1. 서울 성북구 장위동 장위 15-1구역으로 호반건설이 시공사로 선정되어 가로주택정비사업을 추진 중이다.
2. 한국토지주택공사(LH)가 참여한 공공 참여형 사업으로, 서울 금천구 시흥동 817번지 일대 및 943번지 일대 2개 구역을 1개 구역으로 통합하여 추진 중이며, 1,410세대의 주택 공급을 목표로 한다.
3. 서울 서초구 방배동에 위치한 삼호 가로주택정비사업은 삼호아파트 12동과 13동을 대상으로 진행하는 소규모 주택 정비

사업이다. 주요 내용은 지하 4층 ~ 지상 35층, 120세대 아파트 건립 예정이며, 2025년 11월 10일 진행사항은 이주 및 철거가 끝나고, 착공에 들어갔으며 2029년 10월에 준공예정이다.

〈성공적인 미니 재건축 투자를 위한 조언〉
1. 용적률, 층수 제한, 예상 분양가, 건축비 등을 꼼꼼히 분석하여 사업성을 정확히 판단해야 한다.
2. 사업 대상 지역 주민들의 사업 참여 의지를 확인하고, 원활한 소통을 통해 동의율을 높일 수 있는 방안을 모색해야 한다.
3. 사업 추진 경험이 풍부하고 신뢰할 수 있는 조합 또는 사업 시행자를 선택하는 것이 중요하다.
4. 안정적인 자금 조달 계획을 세우고, 예상치 못한 상황에 대비한 예비 자금을 확보해야 한다.

결론적으로 가로주택정비사업은 일반 재건축에 비해 사업 기간이 짧고 절차가 간소하며, 주민 의견 반영이 용이하다. 사업비 절감, 재건축 초과 이익 환수 대상에서 제외되는 장점이 있다. 반면, 사업 규모가 작아 사업성이 낮을 수 있고 자금 조달, 공사비 증액, 조합 운영의 투명성, 현금 청산 문제 등 다양한 측면에서 꼼꼼한 검토와 주의가 필요하다. 전문가의 도움을 받아 사업 추진 과정의 법적, 기술적, 세무적 문제에 대비해 철저한 분석으로 신중하게 투자하는 것이 좋다.

08

수도권 아파트보다 핵심지역 서울 아파트를 구입하라

필자는 서울시 공무원 출신이다. 그런데 처가 안산에서 직장생활을 하면서 안산에서 아파트를 구입해 서울로 출퇴근하였다. 보통 왕복 3시간 걸리는 출퇴근 시간이었다.

30여 년 전, 재테크에 대한 이해와 삶의 지혜가 뒷받침되고 자금 여력이 충분했다면 수도권 아파트보다 서울 아파트를 구입하는 것이 바람직했을 것이다. 서울 아파트는 수도권 아파트보다 공급 절벽과 정치, 경제 등 모든 여건이 집중되어 있으므로 상승할 여력이 더욱 크다는 것을 지금에야 깨달았다.

예를 들어, 필자는 안산시 상록구 본오동에 소재한 1990년에 분양되고, 1993년에 준공된 ○○○ 아파트 **59평형을 8,700만 원에 분양**받았다. 취득세 등을 포함하여 넉넉하게 1억 원을 주고 취득하였으나, 30여 년이 지난 2025년 9월 현재 시세는 **5억 원이다**.

반면, 필자가 아는 지인은 강남구 개포동 주공1단지를 13평(5층 아파트)을 1983년에 약 3,000만 원에 취득하였다. 그는 권리가액에 4,000여만 원의 추가 분담금을 지급하고, 2023년 10월에 25평을 8억 7천만 원에 분양받았다. 아파트 투자 금액은 **총 7,000만 원**이다. 현재는 '디에이치 퍼스티어 아이파크' 아파트로, 25평 시세는 25년 6월 현재 **28억에서 30억 원**을 호가하고 있다.

만약 이런 사실을 30~40대에 알았더라면, 서울 아파트를 구입하고 **안산에서 전세**로 살면서 서울 직장으로 출퇴근했을 것이라고 생각된다.

또 다른 예로, 필자의 지인은 충주에서 거주하면서 관악구 신림동 소재 구(舊) 강남아파트(전용면적 46.72㎡)를 2016년 8월에 1억 7천 5백만 원에 구입했다. 2018년 3월에 관리처분 인가를 받고 추가 분담금 3억 3천5백만 원을 납부하고 25평을 분양받았는데, 총 투자 금액이 **5억 1천만 원** 정도이다. 2022년 8월에 준공됐다. 입주 3년 차 아파트이며, 전체 1,143세대 수이다.

현재는 '힐스테이트 뉴포레' 아파트로, 2호선 구로디지털역 6번 출구에서 277m 거리에 있고, 2026년 12월 신안산선이 개통되면 더블 역세권이 된다.

2025년 8월 현재 25평 매가는 **11억~13억 원**을 호가하고 있다. 서울 아파트에 잘 투자한 사례이다.

또한 유튜브 채널을 통해 알려진 배우 ○○○는 성동구 성수동에 주상복합아파트 '아크로 서울 포레스토'(전용면적 198.219㎡)를 2017년 **37억 5천만 원에 분양**받았다. 2020년 준공된 아파트다. 2025년 8월 24일 부동산 업계에 따르면 현재 시세 최고 거래가가 **187억**에 달하고 있다.

2025년 8월 28일 땅집고 기사에 따르면, 1970년 준공된 지상 3층의 낡은 건물인 성동구 성수동 ○○○번지-토지 면적 37평(124.3㎡), 연면적 91평(302.1㎡)-가 **약 130억 원**에 거래됐다. 땅값만 **평당 3억 4,574만 원으로 성수동 역사상 최고 단가** 기록이다.

강남구 신사동, 청담동 일대보다도 비싼 금액으로 성수동의 땅값 상승세가 다시 한번 확인된 사례다. **수도권 아파트 투자로는 상상도 할 수 없는 투자 수익이다.**

서울은 교통망과 일자리, 교육환경까지 인프라가 잘 갖춰져 있다. 또한 땅이 부족해 땅값이 매년 상승하고 있다.

우리나라는 국토가 좁고 인구가 많다. 서울은 부자들이 많이 살고 있고, 대기업과 중견기업이 몰려 있다. 또한 일자리가 넘친다. 일자리를 찾아 지방에서 수도권으로 이동하고 있다. 수도권에 몰려드는 이유가 여기에 있다.

서울 아파트와 수도권 아파트 매매 가격도 격차도 많이 벌어지고 있다. 수도권 아파트보다는 서울 아파트를 구입하는 것이 수익률에서도 월등히 앞선다.

〈서울 아파트의 장점〉

1. 서울은 직장, 교육, 교통의 중심지로 인구 밀집도가 높아 실수요 주택 수요가 꾸준하다. 부동산 가격이 상대적으로 안정적이며 상승률도 높아 장기적인 투자 가치가 높다. 특히 강남, 마용성(마포·용산·성동구) 등 핵심 지역은 더욱 높은 가치를 지닌다.
2. 환금성이 우수하다. 부동산 시장 경기 침체기에도 서울 아파트는 비교적 거래가 활발하게 이루어져, 급하게 자금이 필요할 때 매도하기 용이하다.
3. 교통, 교육, 병원, 문화, 편의 시설 등 풍부한 인프라가 잘 갖춰져 있어 주거 만족도가 높으며, 이는 임대 수요를 높이는 요인이 되기도 한다.
4. 재건축 및 개발 호재가 풍부하다. 서울은 재건축 및 도시정비 사업이 활발하게 진행되는 지역이 많다. 향후 가치 상승을 기대할 수 있는 단지가 많으며, 특히 종상향(種上向) 가능성이 있

는 단지는 더욱 유리하다.
5. 공급이 제한적이고, 규제 완화 시 급등 가능성이 커서 가격 상승 여력이 크다.

서울과 수도권의 아파트 가격 차이는 시간이 지날수록 벌어져 가고 있다. 서울은 미래에도 계속 발전할 것이다. 발전할 수밖에 없다.

서울과 수도권의 가격 차이를 보면 알 수 있다. 20년 전 서울과 수도권 아파트 가격을 비교해 보는 것도 좋은 방법이다.

서울과 경기도 아파트의 중위가격 추이는 최근 몇 년간 변동성이 큰 모습을 보였다. **'중위가격'이란** 아파트 매매 가격을 순서대로 나열했을 때 중간에 위치하는 가격으로, 평균 가격보다 극단적인 가격 변동의 영향을 덜 받아 실제 시장의 흐름을 파악하는 데 더 유용하다고 평가된다.

다음장의 도표는 인터넷 검색 결과를 바탕으로 한 서울과 경기도 아파트 중위가격의 주요 추이다.

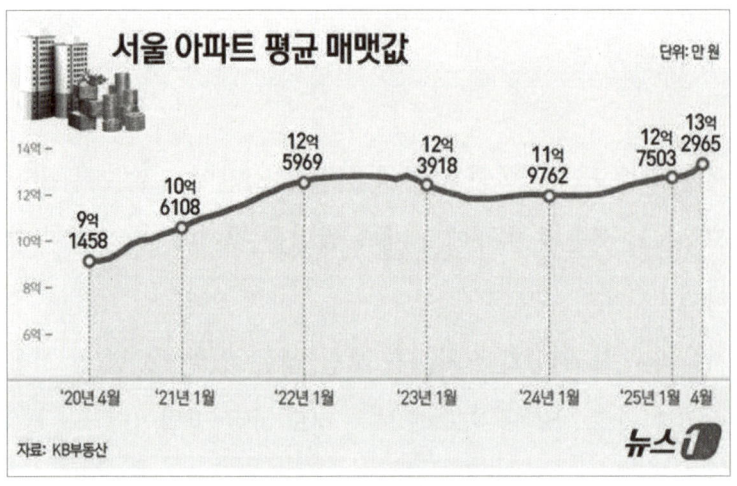

〈서울 아파트 중위가격 차이〉

- 2021년 상반기 : 서울 아파트 중위가격은 부동산 가격 상승기에 접어들면서 **2021년 6월 처음으로 10억 원**을 돌파했다.

- 2025년 4월 : 47개월 만에 다시 10억대에 재진입하며, **2025년 4월 기준** 서울 아파트 평균 매매가격은 KB부동산 통계 집계 이후 처음으로 **13억 원**을 돌파했다. 이는 강남 및 한강변 위주의 거래가 활발했기 때문으로 분석된다. KB선도아파트 50지수도 14개월 연속 상승세를 보였다.

- 전세 가격 : 2024년 12월 기준 서울 아파트 중위 전셋값은 **5억 5,167만 원**을 기록하며 2년 만에 최대치를 경신했다

경기도 아파트 중위가격은 서울보다 낮지만, 서울과 마찬가지로 상승과 하락을 반복하며 변동성을 보였다.

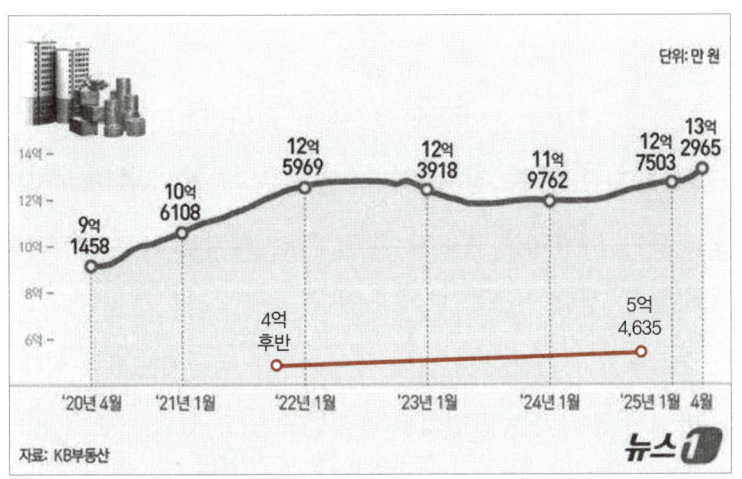

- 2020년 8월 : 서울과 경기도 **아파트값 격차가 5억 원**에 달한다는 분석이 나오기도 했다. 이는 서울의 '똘똘한 한 채' 선호 현상으로 인해 서울 아파트 매수세가 집중되면서 나타난 결과다.

- 2021년 : 전반적으로 상승세를 보였으며, 4분기에는 **4억 후반대**까지 상승했다.

- 2024년 : 1분기에는 5억 6,185만 원으로 소폭 상승했고, 2분기는 5억 3,924만 원, 3분기는 5억 5,395만 원, 4분기 **5억 4,635만 원**을 나타냈다.

- 2024년 4월 기준, 부동산 마이크로데이터에 따르면 **경기도 아파트 전세 평균 가격**은 약 **3억 2,500만 원**이었다.

  시·군·구별로는 과천시가 가장 높은 편으로 약 6억 4,000만 원이었고, 일부 지역은 평균 이하였다.

2025년 6월 10일 현재까지의 검색 결과를 바탕으로 한, **전체적인 아파트 중위가격 추이를 요약**하면 다음과 같다.

- 서울 : 2021년 중반부터 상승세를 보이며 10억 원을 돌파했으나, 2023년 초 잠시 하락세를 겪은 후 2025년 초 다시 상승하여 10억대를 확고히 하고, **평균 가격은 13억 원**을 넘어서는 등 상승 기조를 보이고 있다.
- 경기도 : 서울보다는 변동 폭이 작고, 최근에는 **5억 원대 중반**에서 움직이는 안정화된 추이를 보이고 있다.

아파트 중위가격은 시장 상황과 정책, 경제지표 등 다양한 요인에 의해 지속적으로 변동하므로, 가장 정확한 최신 정보는 KB부동산 또는 한국 부동산원과 같은 공식 통계자료를 참고하시는 것이 좋다.

〈서울과 경기도의 아파트 가격 차이가 벌어지고 있다〉

2025년 9월 2일 조선경제 자료에 따르면, KB부동산의 2025년 8월 1일 '월간 주택 가격 동향 조사' 기준으로 서울 아파트 평균 매매가는 14억 2,224만 원으로, 전국 아파트 평균 매매가 5억 3,843만 원의 **2.64배**였다. KB부동산이 관련 자료 집계를 시작한 2008년 12월 이후 가장 큰 격차다.

수도권 내에서 서울과 타 지역 간 집값 격차도 집계 이래 최대로 벌어졌다. 서울 평균 매매가는 경기 5억 6,346만 원의 2.52배, 인천 4억 1,530만 원의 3.42배이다.

이를 통해 서울과 경기도의 아파트 가격 차이가 점점 커지고 있다는 것을 알 수 있다. **서울은 수요에 비하여 공급이 매우 부족한 편**이다. 반면에 경기도는 지역에 따라 공급이 많은 지역과 부족한 지역이 있다. 앞으로 **서울과 경기도의 집값은 점점 더 차이가 날** 것이다.

사람들은 아파트에 관심이 많다. 삶에서 떼려야 뗄 수 없다. **지방의 아파트보다는 수도권 아파트를** 구입해야 하고, **수도권 아파트보다는 서울 핵심지역 아파트를** 구입해야 한다. 왜냐하면 투자를 하더라도 서울 아파트가 수익 면에서 안정적이기 때문이다.

서울 아파트는 처음에 바로 구입하기 어렵다. 따라서 한 단계씩 계단을 밟고 올라가야 한다. 목돈을 만들어 유망한 지방 아파트에 투자한 뒤 돈을 벌면 수도권 아파트에 투자해야 하고, 수도권 아파트에서 돈을 벌면 서울 아파트에 투자해야 한다.

서울 아파트에 산다고 해서 성공한 것은 아니다. 본질은 마인드다. 행복하게 살아야 한다. 인생은 아무도 모른다.

서울 아파트와 수도권 아파트를 비교할 때 미래 가치는 서울 아파트가 더욱 크다. 왜냐하면 서울은 각종 개발이 많고 교통, 일자리, 교육 등이 글로벌하게 진행되고 있기 때문이다. 또한 서울은 금융업, 제4차 산업, 정보 통신 기술 등 대기업의 본사가 있으므로 양질의 일자리 창출이 가능하기 때문이다. 양질의 일자리, 즉 소득이 높은 업종이 주를 이룰 것이다.

〈서울아파트 구입 시 유의 사항〉

1. 서울 아파트의 매매 가격은 수도권에 비해 투자 비용 부담 면에서 매우 크므로, 진입 장벽이 높다.
2. 정부의 부동산에 대한 강력한 규제(대출 제한·전매 제한·청약 제도 등)가 수도권보다 서울에 더 엄격하게 적용될 수 있어서, 자기 자본 비중이 높아야 한다.
3. 서울 내에서도 지역별, 단지별 가격 편차가 크므로, 투자하려는 지역의 특성과 미래 가치를 꼼꼼히 분석해서 투자해야 한다.
4. 재건축을 염두에 둔 투자라면 해당 단지의 재건축 진행 단계, 용적률, 대지 지분, 추가 분담금 등을 정확히 파악해야 한다.
5. 전세가율이 너무 낮은 경우, 갭 투자 시 위험 부담이 크므로, 주변 환경 및 시세를 확인하고 적정 가격인지 판단해야 한다.
6. 고점 매수 시 하락 폭도 클 수 있으며, 회복까지 시간이 걸릴 수 있다.

결론적으로 서울 아파트 투자는 '똘똘한 한 채' 집중 현상과 '풍

선효과' 등으로 인해 잠재적으로 **높은 수익성과 비교적 안정적인 자산 가치를 기대**할 수 있으나, 초기 투자 비용이 다소 높고 세금 부담이 크다는 점을 고려해야 한다.

장기적인 시각이 필요하며, 투자 목적과 자금 상황에 맞춰 신중하게 결정하고, 꼼꼼한 사전 조사가 필수적이다.

CONTENT

01 수익형 부동산, 금리 인상이 관건이다
02 상가형 수익형 부동산
03 1층 상가만 고집하지 마라
04 역세권 상가 투자 주의점
05 수익형 부동산은 입지 선택이 중요하다
06 집값 규제에 반사이익, '꼬마빌딩 몸값' 껑충
07 상가 투자 성공을 위한 5가지 조건
08 '지식산업센터' 아파트형 공장에 주목하라

Part 2.
상가

'상가' 편 핵심 요약

- 금리가 높을수록 공실이 발생하지 않는 **양호한 입지(역세권, 업무지구, 대학가 등)**를 선택해야 한다.
- **수익형 부동산**은 불투명한 미래에 경제적인 어려움이 닥칠 때도 튼튼한 버팀목 역할을 한다.
- 수익형 부동산(상가)의 경우에는 최소 입주 4~5년이 경과한 후, 적정 시세가 형성된 후 구입해야 좋다.
- 1층 상가는 **'입지 + 수요 + 업종 적합성'**이 더 중요하며, 아파트 단지 내 2층 상가도 **업종 선택**(세탁소, 미용실, 커피숍 등)에 따라 좋은 투자처가 될 수 있다.
- **역세권 상가**는 입지 분석이 필수다. 역 주변의 유동 인구를 면밀히 분석해야 하며, 출퇴근 시간, 주말, 공휴일 등 시간대별 유동 인구 변화를 파악하고, 주요 고객층을 분석해야 한다.
- **수익형 부동산 입지 선택**은 투자 성공의 절반 이상을 차지하며, 입지가 곧 수익률과 직결되기 때문이다.
  - 좋은 입지는 일반적으로 높은 수요와 시세 상승을 가져온다.
  - 좋은 입지는 안정적인 임대 수익과 미래의 자산 가치 상승을 기대할 수 있게 해주기 때문이다.
- **꼬마빌딩 투자 시** 고려할 사항으로는,
  유동 인구가 많은 지역, 역세권, 대로변, 코너 건물, 배후 수요가 많은 곳에 투자해야 한다.
- 좋은 상가를 구입하는 1차 목적은 안정적인 **임대 수익 확보**에 있고, 2차적으로 **건물 가격 상승에 따른 자본 이득 확보**에 있다.

〈상가투자 성공을 위한 5가지 조건〉

1. 사람들의 시선을 끌 수 있는 곳이어야 한다.
2. 접근이 용이해야 한다.
3. 소비자들이 항상 필요로 하는 물건을 취급하는 점포가 있는 곳이 좋다.
4. 인근지역 유사 상가의 권리금이 높은 곳이 좋다.
5. 유동 인구 흡인력으로 향후 발전 가능성이 풍부한 지역에서 현재보다 미래 가치가 더욱 뛰어난 알짜 상가를 구입해야 한다.

01

수익형 부동산,
금리 인상이 관건이다

   수익형 부동산 투자는 '**수익률**'이 핵심이기 때문에, 금리 인상은 그 수익률에 직접적이고 매우 큰 영향을 미친다. 즉 금리 인상은 수익형 부동산의 가치와 투자 매력을 좌우하는 핵심 변수다.

   특히 **금리 인상 시 자산 수익성과 가치에 직접적인 영향**을 주기 때문에, 이를 이해하고 전략적으로 접근하는 것이 중요하다.

   수익형 부동산(근린상가, 테마상가, 단지 내 상가, 오피스텔, 원룸 등)은 금리 변동의 영향을 크게 받는 자산 중 하나다.

   금리 인상은 대출 이자 부담을 증가시켜 투자 수익률을 낮추고,

부동산 가격 하락으로 이어질 수 있다. 따라서 **금리 인상 여부가 투자 수익성의 핵심 변수로 작용한다.**

〈금리 인상이 수익형 부동산에 미치는 영향〉

1. 이자 부담 증가 → 순수익(Cash Flow) 감소

   금리 인상이 대출이자 부담 증가로 투자 수익률이 하락하며, 임대 수익(월세)에서 이자 지출을 빼고 남는 순수익(현금흐름, Cash Flow)이 감소한다. 또한 금리가 계속 오르면 전세보다 월세 수요가 증가하는 경향이 있어 수익형 부동산에 유리하게 작용할 수 있다.

2. 고금리기 투자 전략

   수익형 부동산 투자 전략으로는 고금리 환경에서는 대출 의존도를 줄이고 순수익을 안정적으로 확보하는 것이 중요하며, **금리가 높을수록 공실이 발생하지 않는 양호한 입지**(역세권, 업무지구, 대학가 등)**를 선택**해야 한다.

3. 중장기적 금리 전망 반영

   향후 금리 인하 가능성이 있다면, 가격 조정 시점을 활용해 저점 매수 전략도 고려할 수 있다.

〈금리 인상기에 수익형 부동산 투자의 장점〉

1. 우수한 입지의 수익형 부동산은 꾸준한 임대 수요를 기반으로

안정적인 현금 흐름과 매달 임대수익을 통해 월세 수익을 창출한다. 특히 금리 인상으로 주택 구매 부담이 커지면, 상대적으로 임대 수요가 확대될 가능성이 있다.
2. 부동산은 실물 자산으로서 인플레이션이 발생할 때 자산 가치가 상승하는 경향이 있어, **인플레이션 헤지**(inflation hedge) **수단**으로 활용될 수 있다. 임대료 역시 물가 상승에 따라 상승할 가능성이 있다.

'인플레이션 헤지'란 인플레이션으로 인한 화폐가치 하락에 대비하여 현금 이외의 동산, 부동산의 형태로 자금을 보유하는 일을 말한다.

3. 대출을 활용하면 부동산 투자 규모를 키울 수 있지만, 금리 상승 시 이자 부담이 커질 수 있으므로 주의가 필요하다.
4. 개발 호재가 있는 지역이나, 입지가 좋은 수익형 부동산은 장기적으로 자산 가치 상승 및 임대 수익을 기대할 수 있다.

〈금리 인상기 투자 시 유의 사항〉

1. 금리 인상은 대출 이자 부담을 증가시켜 수익률을 낮출 수 있으므로, 금리 변동 위험을 줄이기 위해 **자기 자본 비중을 높이거나**, 고정 금리 대출을 활용하는 등의 전략이 필요하다.
2. 금리 인상으로 투자자들의 요구 수익률이 높아지면 부동산 임대 수익의 상대적 매력이 감소할 수 있다. 주변 시세와 공실률

을 면밀히 분석해 **적정 임대료를 설정하는 것**이 중요하다.
3. 안정적인 임대수요가 있는 입지를 선정하고, 다양한 임차인 유치 전략을 마련해야 한다.
4. 급격한 금리 인상은 부동산 시장 전반의 침체를 초래할 수 있으며, 이는 수익형 부동산의 가격 하락으로 이어질 가능성이 있다. 따라서 거시경제 상황과 부동산 시장 전망을 신중히 관찰할 필요가 있다.
5. 부동산은 주식과 같은 금융상품에 비하여 환금성이 떨어져 유동성 확보의 어려움이 존재한다.
6. 금리가 상승하면 채권이나 예금 등 대체 투자처의 수익률이 높아지고, 부동산 가치 하락 위험이 발생할 수 있다.

〈전략적 대응 팁〉
1. 자기 자본 투자 비율을 높여 금리 민감도를 줄인다.
2. 유동 인구가 많고 공실 가능성이 낮은 입지를 선정해야 한다.
3. 고정금리 대출을 활용하여 향후 금리 변동 리스크를 줄여야 하며, 다각화 투자로 지역별로 자산을 분산하여 리스크를 관리해야 한다.

결론적으로 수익형 부동산 의미와 종류를 제대로 이해하고, 내 투자 성향에 맞는 자산을 고르는 것이 훨씬 유리하다. 금리 인상기에는 수익형 부동산 투자는 신중한 접근이 필요하며, 투자 시 장점과 유의 사항을 충분히 숙지하고, 부동산 전문가의 도움을 받아 면밀한 시장 분석과 개인의 자금 상황을 고려하여 합리적인 투자 결정을 내리길 바란다.

02

상가형
수익형 부동산

요즘 수익형 부동산에 관심을 가지는 투자자가 많아졌다. 수익형 부동산은 보유 또는 임대를 통하여 지속적으로 수익을 창출할 수 있는 부동산 자산을 말한다.

아파트처럼 매매 차익을 노리는 것이 아니라. 월세나 임대료와 같은 현금 흐름을 주요 수익원으로 삼는 구조다. 주로 안정적인 현금 흐름을 선호하는 투자자들이 선호하며, 시장 상황이 급변하더라도 일정한 임대 수익을 유지할 수 있다는 장점이 있다.

수익률은 물가, 금리, 수요 등 외부 변수에 따라 크게 영향을 받을 수 있으므로 구조적 이해가 필수다.

2025년 7월 현재 예금 금리는 은행 및 상품 종류에 따라 다르지만, 일반적으로 정기예금 금리는 2.3%에서 2.9% 내외로 형성되어 있다. 저금리 시대를 맞이하면서 더 이상 노후를 감당할 수 없기 때문에 수익형 부동산이 대체 투자처로 주목받고 있다. 특히 **불투명한 미래에 경제적인 어려움**이 닥칠 때도 **수익형 부동산은 튼튼한 버팀목 역할**을 할 수 있다.

100세 시대의 풍요로운 삶을 위해서라도 수익형 부동산에 대한 투자는 꼭 필요하다.

투자자 중에는 원룸을 찾는 사람도 있고, 오피스텔, 다가구, 점포주택, 아파트형 공장인 지식산업센터, 소형 아파트, 상가 등을 찾는 사람도 있다. 이러한 부동산 중 나에게 맞는 것이 무엇인지 파악하여 선택해야 한다.

수익형 부동산의 경우 **분양할 때 구입**하는 것은 그리 좋은 투자 방법이 아니다. 상가의 경우에는 임차인이 2~3번 정도 손 바뀜이 생기는, **최소 입주 4~5년이 경과한 후** 투자하는 것이 바람직하다. 분양 가격이 높았던 상가는 4~5년이 경과하면 주변 상권도 어느 정도 형성된 상태이므로, **적정 시세가 형성된 후 구입**해야 좋다.

상가는 위험한 상품이므로 투자할 때 반드시 수익률이 좋다는 말에 현혹하지 말고, 투자하는 것이 맞는지, 실제 수익률이 좋은지 등을 여러 각도에서 두루 살펴보고 투자해야 한다.

한국경제신문(2020년 7월 9일자)에 소개된 김종율 대표의 '2,000가구 법칙'은 상가 투자자에게 매우 유용한 기준이다.

이 법칙은 반경 500m~1㎞ 내 최소 5,000명 이상의 인구가 거주한다는 전제하에 세탁소, 음식점, 편의점, 미용실, 커피숍 등 안정적으로 운영될 가능성이 높고, 부동산 가치가 상승할 가능성이 높다는 의미다. 상가 건물에 투자하려는 사람은 배후 수요의 규모, 수요의 질과 특성, 소비 성향을 분석해서 고려한 입지에 투자해야 수익을 낼 수 있다.

주거 유형으로는 아파트, 연립빌라, 단독주택 등에 대해서 소비 성향을 분석해서 유동 인구가 얼마이며, 직장인, 학생, 방문객 등 추가적으로 분석이 필요하다.

〈상가 구매 시 고려할 요소〉

1. 입지

주중과 주말의 유동 인구를 조사하고, 대중교통 이용의 편리성, 주차장 유무, 차량 접근성을 확인하고, 주거지, 학교, 공공기관 등 주요 고객층이 근처에 있는지 확인하고 투자해야 한다.

2. 상권 분석

동일 업종의 경쟁 업체가 얼마나 존재하는지 확인해야 하며, 역세권, 대학가, 오피스 상권 등 고객층에 맞는 상권을 선택하여 투자하길 바란다.

3. 임차인 확보 전략

수익형 부동산 투자 전략으로는 **안정적인 임대수익을 확보할 수 있는 우량 임차인을 유치**하는 것이 중요하다.

4. 금리 리스크 대응

고정금리 대출이나 변동 금리 대출의 금리 인상 폭을 예측하여 저금리 대출을 활용하는 것이 유리하다.

금리 인상에 대한 위험을 분산하기 위해 **다양한 유형의 수익형 부동산에 투자**하는 것이 좋다.

2023년 1월까지도 한국은행은 물가 안정을 위해 기준금리를 인상(3.25% → 3.5%)해 왔다. 하지만 최근에는 2025년 5월 29일, 기준금리를 연 2.75%에서 연 2.50%로 인하한 바 있다.

2025년 8월 29일 한국경제신문 기사를 인용하면, 2회 연속 동결 조치로 수도권 집값 상승 추이 등과 경제 상황을 고려하여 금리 인상보다는 **유지나 인하 쪽으로 방향의 움직임**이 나타나고 있다. 향후 금리 전망은 불확실하지만, 수익형 부동산 투자자는 금리 변동에 대한 대비를 철저히 해야 한다.

경기 회복의 불확실성이 커지고 있는 상황과 이재명 정부 부동산 정책의 대출 제한 대외 여건을 생각하면 만만치 않은 게 상가 투자라고 생각한다. 무리한 대출 투자를 피하고, 안정적인 현금 흐름이 확보되는 물건을 선별하여 투자하는 것이 핵심이다.

결론적으로 상가 투자 시 '2,000가구 법칙'은 상권 내 소비력을 갖춘 배후지나 유동 인구의 존재 여부를 상권 분석의 중요 요소로 파악하는 데 중점을 둔 법칙이다.

상가 투자 시 유용한 기준이며, 중요한 참고 자료지만 위장 임차인, 권리금 등을 확인해야 한다. 상가 투자 전문가의 추가적인 시장 조사와 상권 분석이 필수적이며, 투자 결정은 다양한 요소를 종합적으로 고려하여 신중한 검토와 준비를 통해서만 성공적인 투자를 이끌어 낼 수 있다.

03

1층 상가만
고집하지 마라

많은 투자자가 상가 투자 시 1층 상가만 선호하는 경향이 있다. 하지만 최근 상업용 부동산 시장의 변화와 소비 트렌드를 고려하면, 무조건 1층 상가만을 고집하는 것은 최선의 투자 전략이 아닐 수도 있다.

1층 상가는 높은 접근성과 가시성으로 인해 많은 투자자들이 선호한다. 매매가가 가장 비싸기 때문에 초기 투자 비용이 크다.

또한 1층이라고 무조건 장사가 잘되는 것은 아니며, 유동 인구가 적거나 상권이 약하면 1층이라도 공실 가능성이 있으므로 구매 시 잘 선택해야 한다. 따라서 다양한 층수의 상가와 다른 유형의 수익형 부동산을 고려하는 것이 중요하다.

상가 투자 시 주변 상권과 업종의 적합성을 함께 분석해야 한다. 높은 권리금과 월세 부담으로 인해 임차인이 버티지 못하고 이탈할 가능성이 존재한다. 특히 경기 침체기에는 높은 임대료 부담이 자영업자에게는 큰 부담이 될 수 있다.

필자도 40대에 1층 상가에 투자하면 좋다고 해서, 안산시 상록구 ○○동과 ○○동에 각각 1층 상가를 보유하고있는데, 우연의 일치인지 두 곳 모두 1층 상가 후면을 보유하고 있다.

상록구 ○○동에 있는 1층 상가는 처음에는 커피숍 등으로 출발하였으나 2025년 10월 현재는 배달 업종으로 전환되어 유동 인구 등을 특별히 신경 쓰지 않아도 되고, 상록구 ○○동에 있는 상가는 현재 음식점으로 임대되어 활발히 영업 중이다.

또한 1층 상가만 고집할 것이 아니라, 1층 외에도 고려할 수 있는 대체 투자처로서 의원, 학원, 사무실, 카페 등은 1층이 아니어도 충분히 경쟁력이 있다.

고층 상가(2~3층)는 1층 상가에 비하여 임대료가 저렴하고 다양한 업종(예 : 의원, 학원, 사무실)을 유치할 수 있다.

지하상가는 지하철역, 백화점, 쇼핑몰과의 연결 여부가 중요하며,

복합몰 내 상가는 고객 체류 시간이 길고 브랜드 유치 가능성이 높은 것이 유리하다.

필자의 지인이 운영하는 안산시 상록구 본오동에 있는 **2층 '노벨탑 학원'**은 **20년의 역사를 자랑**하며, 초등·중등·고등 학생들의 맞춤형 교육 프로그램을 제공하는 학원이다. 학생들과 함께 일본·중국 여행을 하는 등 **차별화를 추구하며**, 전문 교사진과 함께 학생들의 학업 성취를 극대화하는 것을 목표로 하고 있다.

웬만한 1층 상가 투자보다 안정적인 임대 수익을 원한다면, 2층 노벨탑 학원처럼 초기 투자자금이 적게 드는 점을 고려할 만하다.

상가 투자 시에는 시세 차익을 목표로 하는지, 2~3층처럼 임대 수익을 목표로 하는지 따라 접근 방식이 달라져야 한다.

투자 시 고려해야 할 사항으로는 상권, 교통, 배후 수요 등을 검토하여 입지를 선정해야 한다.

또한 해당 지역의 **임대 수요를 파악**하고, 공실률을 최소화할 수 있는 업종을 유치해야 하며, 투자 수익률을 분석하여 안정적인 수익을 얻을 수 있는 투자 대상을 선택해야 한다. **주변 개발 계획, 교통망 확충 등 미래 가치를 함께 고려하여 투자**해야 한다.

입지와 유동 인구 특성에 따라 달라지지만, 일반적으로 아래 업종들이 상층부에 적합하다.

〈2층 상가 투자 시 권장 업종 및 유의 사항〉

- 권장 업종
  - 여성 고객을 타깃으로 하는 피부관리, 네일아트, 속눈썹 연장, **헤어숍** 업종에 적합한 비교적 넓은 공간이 필요하므로, 1층의 유동 인구보다는 예약 고객 위주로 운영되는 업종에 적합하다.
  - 영어, 수학, 예체능, 보습학원 등으로 학부모와 학생들이 일부러 찾아오는 업종이므로 2~3층 입점에 거부감이 없는 업종이다.
  - 이비인후과, 치과, 한의원, 신경정신과, 회계사, 변호사사무실 등 특정 목적을 가지고 방문하는 고객층이 많으므로, 1층만큼의 높은 가시성은 중요하지 않을 수 있으나 엘리베이터가 설치된 상가에서 선호하는 업종이다.

- 투자 시 유의 사항
  1. 계단이나 엘리베이터의 유무, 위치, 상태 등을 꼼꼼히 확인하고, **노약자나 장애인 고객의 접근성**을 고려해서 투자해야 한다.
  2. 가시성이 1층에 비해 떨어지므로 간판의 위치, 크기, 조명 등을 통해 **최대한 눈에 띄게 하는 것**이 중요하다.
  3. **주차할 수 있는 공간이 확보**되어 있는지, 임대료가 **적정한**

수준인지 판단해야 한다.
4. **1층은 시세 차익 위주, 2~3층은 임대수익률 중심**으로 접근하는 것이 일반적이다.
5. 1층에 비해 공실 위험이 높을 수 있으므로, 주변 상권 분석을 통해 **수요가 있는 업종을 유치**하는 것이 중요하다.

결론적으로 정리하자면 1층 상가만 고집하지 말고 상권과 업종을 고려해야 한다. 다양한 층수의 상가와 다른 유형의 수익형 부동산을 함께 검토하여 투자 포트폴리오를 다변화하면 안정적인 수익을 얻는 데 도움이 된다.

1층 상가는 '입지 & 업종'이 더 중요하며, 아파트 단지 내 2층 상가도 업종 선택(세탁소, 미용실, 커피숍 등)에 따라 좋은 투자처가 될 수 있다.

핵심은 **'입지 + 수요 + 업종 적합성'**을 고려한 전략적 투자다. 좋은 입지에 맞는 업종이라면 꼭 1층이 아니어도 수익을 낼 수 있는 곳을 선택해야 한다.

04
역세권 상가 투자 주의점

역세권 상가는 유동 인구가 많고 안정적인 수요가 기대되지만, 무조건 성공하는 것은 아니다. 잘못된 투자로 인해 공실 위험이나 수익률 하락을 겪을 수도 있다. 역세권 상가 투자는 높은 수익률을 기대할 수 있지만, 신중한 분석과 판단이 필요한 투자다.

다음은 역세권 상가 **투자 시 주의해야 할 몇 가지 핵심 사항**이다.

1. 입지 분석

역 주변의 유동 인구를 면밀히 분석해야 하며, 출퇴근 시간, 주말,

공휴일 등 **시간대별 유동 인구 변화를 파악**하고, 주요 고객층을 분석해야 한다.

2. 상권 분석

주변 경쟁 상권의 현황을 파악하고 **해당 업종의 시장성을 분석**해야 한다.

3. 수익률 분석

투자 수익률을 정확하게 분석하고 **투자 회수 기간을 예측**해야 한다. **과도한 권리금**을 요구하는 상가는 피해야 한다.

4. 고정 수요와 배후 수요 분석

역세권 상권은 풍부한 유동 인구로 다양한 고객층을 유치할 가능성이 높지만, 이를 안정적인 매출로 연결하기 위해서는 고정 수요의 존재 여부와 배후 수요의 규모, 그리고 지역의 미래 가치 등을 종합적으로 분석할 필요가 있다. 이러한 요소들이 탄탄하게 뒷받침될 때 비로소 매출 증대로 이어질 수 있다.

5. 접근성 분석

대중교통, 차량 및 도보 이용자에게도 뛰어난 접근성을 제공하며, 높은 유동 인구 덕분에 가시성이 좋고 잠재 고객에게 자연스럽게 노출될 수 있다.

6. 상권 성장 수혜 및 가치 상승 가능성

역세권 상가는 지하철역을 중심으로 상권이 형성되고 발달하는 경향이 있어, 주변 상권 활성화의 직접적인 수혜를 받을 가능성이 크다. 장기적으로는 가치 상승도 기대할 수 있다.

7. 환금성과 가격 안정성

역세권 상가는 꾸준히 높은 수요를 유지하므로, 매매 시 환금성이 뛰어나다. 불황기에도 상대적으로 가격 하락 폭이 작다.

간혹 투자자 중 대다수가 '지하철역 도보 1분 거리' 등과 같은 광고 문구에 현혹되는 경우를 보게 된다. 필자는 이를 볼 때마다 안타까운 마음이 든다. 상가는 **각각 소비자가 찾는 목적이 다른 만큼** 단순히 역세권이라는 말에 혹(惑)하기보다는 개별 성격을 파악하는 게 필요하다.

역세권이라도 환승역에 불과하거나 이용 인구가 많지 않은 곳들도 다수 있다.

또한, 같은 역이라도 **출구에 따라 상권의 성격과 소비 성향이 다르게 나타난다.** 주택가로 연결되는 출구가 있는가 하면, 관공서나 기업체 등 유동 인구 유발 시설이 밀집된 출구도 있다. 역마다 유동 인구의 질과 소비력이 다르다.

예를 들면 직장인 출퇴근 수요가 많은 역과 대학가 유동 인구가 많은 역은 소비 성향이 다르므로, 역세권이라고 해서 무조건 좋은 것은 아니다.

또한 환승역인지 일반 역인지 구분이 필요하다.

예를 들면 강남역·서울역 등은 유동 인구가 많지만, 단순 이동 인구가 많아 실제 소비로 연결되지 않을 수 있다.

상가 위치에 따른 차이점은 같은 역이라도 1번 출구와 3번 출구의 유동 인구 차이가 클 수 있으며, 지하철 출구 근처에 병원, 학교, 대형 상가, 쇼핑몰 등이 있는지 반드시 확인해야 한다. 따라서 상가 위치에 따른 차이점을 인정하고 세밀하게 검토해야 한다.

〈역세권 상가 투자 시 유의 사항〉

1. 일반적으로 역세권 상가는 입지적 장점 때문에 매매가가 높게 형성되어 초기 투자 비용 부담이 클 수 있다.
2. 인기 있는 입지인 만큼 경쟁 상권이 형성될 가능성이 높으며, 주변 상권 분석을 통해 경쟁 우위를 확보해야 한다.
3. 단순히 '역세권'이라는 타이틀만으로는 충분하지 않다. 역과의 거리, 출구 방향, 주변 상권의 특성, 유동 인구의 동선 등을 꼼꼼히 분석해야 한다. 같은 역세권이라도 출구 위치에 따라 유동 인구와 상권 활성화 정도가 크게 다를 수 있다.

4. 기존 임차인이 있는 경우 과도한 권리금이 형성되어 있을 수 있으므로, 권리금의 적정성을 판단하고 향후 사업 운영에 도움이 될지 신중하게 검토해야 한다.

결론적으로 말하자면 **역세권 상가 투자 시에는 신중하게 접근해야 한다.**

1. 유동 인구가 많은 것만으로는 부족하다. 실제 소비층과 업종이 맞아야 성공 가능성이 있다.
2. 임대료 상승이 쉽지 않으면 수익률이 낮아지므로, 초기 분양가가 높은 곳은 조심해야 한다.
3. 주변 가게들이 자주 바뀐다면 위험 신호다. 현재 공실률과 기존 업종의 성공 여부를 꼭 확인해야 한다.
4. 미래 가치가 있는지 판단이 필요하며, 입지뿐만 아니라 주변 개발 계획도 분석해서 투자해야 한다.

역세권 상가 투자는 높은 잠재력을 가진 매력적인 투자이지만, 성공적인 투자를 위해서는 장점과 유의 사항을 충분히 숙지하고 자신에게 맞는 투자 전략을 수립해야 한다. 투자 결정은 수익성, 공실률, 상권 분석 등을 철저히 검토한 뒤 이루어져야 한다.

05

수익형 부동산은
입지 선택이 중요하다

    수익형 부동산 투자에서 입지는 가장 핵심적인 요소 중 하나다. **입지 선택은 투자 성공의 절반 이상을 차지**한다고 해도 과언이 아니다. 왜냐하면 **입지가 곧 수익률과 직결**되기 때문이다.

    부동산 입지는 특정 부동산이 위치한 지역의 물리적, 사회적, 환경적 특성을 대표한다.

    입지는 부동산 공급과 수요의 상관관계에서도 큰 역할을 하며, **좋은 입지는 일반적으로 높은 수요와 시세 상승을** 가져온다.

    수익형 부동산은 구입 후 임대료를 통해 꾸준한 수익(월세)을 얻고,

나중에는 시세 차익을 목적으로 투자하는 부동산을 의미한다.

아파트처럼 거주 목적이 아니라, **지속적인 수익을 창출**하는 것이 주된 목적이다.

수익형 부동산은 안정적인 수익을 확보하려는 많은 사람들에게 매력적인 선택이며, 투자에 있어서 입지 선택은 중요한 요소다.

하지만 각 종류의 수익형 부동산(상가, 오피스텔, 물류창고, 지식산업센터 등)은 서로 다른 특징과 장단점을 갖고 있기 때문에, 투자 전에 반드시 체크해야 할 요소들이 있다. **좋은 입지는 안정적인 임대 수익과 미래의 자산 가치 상승을 기대**할 수 있게 해주기 때문이다.

〈수익형 부동산 입지 선택 시 고려해야 할 주요 요인〉

1. 좋은 입지는 **풍부한 임대 수요를 확보**하여 공실 위험을 줄이고, 안정적인 임대 수익을 얻는 데 결정적인 역할을 한다.
2. **유동 인구가 많고 선호도가 높은 지역**의 부동산은 매도 시에도 수요가 많아 환금성이 뛰어나며, 시간이 지나도 가치가 하락할 가능성이 낮고, 오히려 상승 가능성이 높다.
3. 다양한 경기 상황에서도 **유연하게 대처 가능**하며, 수요층이 넓어 리스크가 줄어든다.
4. 상권이 활발하면 **높은 매출과 직결**되어 안정적인 수익을 보장한다.

필자의 지인 구미 박 회장은 2004년에 강남역 도보 5분 이내 거리에 있는 초역세권에 주상복합아파트 1층 상가(110평)를 31억 원에 구입했다. 현재 음식점으로 활발히 영업하고 있으며 보증금 2억 원에 월세 1,700만 원을 받고 있다. 투자 수익률은 다음과 같다.

- 명목수익률 : (연임대료 ÷ 매입가격) × 100%
  → 연 임대료 2억 400만 원 ÷ 31억 원 = 6.5%
- 상가(임대) 수익률 = (연 순수 임대수익 / 실투자금) × 100%
  → 연 임대료 2억 400만 원 ÷ 29억 원(실투자금) = 7.03%

위에서 알 수 있듯 투자 수익률은 상당히 우수한 편이다. 위치적으로 삼성전자 사옥, 삼성화재 사옥, 서초 우성 5차 아파트등이 있다. 스타벅스, 대형빌딩, 은행 등이 입점해 있고, 유동 인구가 많아 안정적인 임대 수익을 기대할 수 있었다.

고려할 사항으로는 공실률, 세금(재산세·종합소득세), 유지비(수리관리비·대출관리비) 등을 고려하면 투자 수익률이 낮아지겠지만, 70대 친구로서는 안정적인 임대수익으로 행복한 노후생활을 하고 있다.

5. 지하철 노선 신설, 교통망 확충 사업 등 **개발 호재가 있는 지역은 미래의 부동산 가치 상승을 기대**할 수 있다. 도시 성장, 산업단지 조성 등 지역 발전 가능성이 높은 지역은 장기적인 투

자 가치가 높다.
6. **주변 지역의 발전 가능성과 인구 변화 추이**를 종합적으로 분석하여, 미래 가치를 평가해야 한다.
7. 부동산 시장 전망으로는 **거시경제 상황, 정부 정책, 금리 변동 등을 분석**하여 부동산 시장 전망을 고려해야 한다.

그 외 고려 사항으로는 취득세, 보유세 등 세금 관련 사항을 고려해야 하며, 또한 주변 지역의 공실률과 임대료 시세를 확인하여 임대수익을 예측한 후 적정 임대료를 설정해야 한다. 주차 시설 확보 여부는 임차인 유치에 중요한 요소다.

〈수익형 부동산 입지 선택 시 유의 사항〉
1. 유동 인구가 풍부하다고 무조건 좋은 것은 아니다.
연령대와 소비 성향 등을 고려하고, 낮과 밤의 유동 인구 차이도 중요하므로 배후 수요 규모 및 특성을 파악해야 한다.
2. 대중교통(지하철·버스 등)과의 접근성, 도로망, 주차 시설 등을 확인해야 한다.
3. 주변 주거단지(아파트·연립·오피스텔·단독주택 등), 오피스, 학교, 산업단지 등 잠재적인 임대 수요층의 배후 수요 규모를 파악해야 한다.
4. 주변 경쟁 상업 시설 현황, 업종 구성, 임대 시세, 상권 성장 가능성 등을 분석해야 한다.

5. 도시 계획, 재개발/재건축, 도로/교통망 확충, 용도지역 등 개발 호재를 확인하여 미래 가치 상승 요인을 고려해야 한다.
6. 임대 수익, 시세 차익 등 투자 목적에 따라 적합한 입지를 선택해야 한다.

결론적으로, 수익형 부동산 투자는 현재의 경기 침체와 대출 제한 상태에서는 **특별히 좋은 입지에 투자**해야 한다.

수익형 부동산을 통한 안정적인 임대 수익은 자신이 하고 싶은 일을 할 수 있게 해주며, 노후 대책으로 경제적 불확실성을 없애주는 훌륭한 수단이 될 수 있다. 입지가 가지는 다양한 가치를 종합적으로 분석하고, **자산 가치가 상승하는 지역과 우량 임차인을 선택**하며, 또한 임대 관리가 쉬운 업종을 고를 때 안정적인 노후 생활을 누릴 수 있다.

06

집값 규제에 반사이익, '꼬마빌딩 몸값' 껑충

서울의 상업·업무용 부동산 시장에서 '꼬마빌딩'은 명확한 법적 기준이 있는 것은 아니지만, 일반적으로 **연면적 1,000㎡(약 300평) 미만, 5층 이하, 거래 금액 50억 원 이하**의 중소 규모 건물을 의미한다.

최근에는 부동산 가격 상승으로 100억 원 이하의 건물도 꼬마빌딩으로 분류하기도 하며, 주로 상가, 다가구 주택, 상가 주택, 업무용 건물 등이 해당된다.

요즘 샐러리맨에게 꿈이 뭐냐고 물어보면 '**건물주**'라는 답이 자주 돌아온다. 빌딩 하나 사서 임대료 받으며 사는 게 꿈이라고 답하는 평범한 사람들이 많다는 뜻이다. 지금 우리나라는 임대 사업자가 꿈인 나라라고 해도 무방할 정도다.

꼬마빌딩은 주택보다 규제도 덜 받고, 대출 규제도 주택보다는 용이하므로 **안정적인 임대 수익과 시세 차익을 볼 수 있어** 투자하는 편이다. 평범한 사람들이 건물주가 되기 시작하면서 '꼬마빌딩'이 각광받기 시작했다.

꼬마빌딩 거래는 해마다 크게 증가하고 있다. **2024년 11월 10일** 연합뉴스 보도자료에 의하면 2023년 1~3분기 누적 거래 건수 1,048건에서, 2024년 1~3분기 누적 거래 건수 1,547건으로 증가했다.

2025년 2월 28일 매일경제 보도자료에 의하면 꼬마빌딩(연면적 3,300㎡ 이하) 2023년 연간 총 거래 건수는 1,425건에서 2024년에는 약 2,061건으로 전년 동기 대비 45% 증가 추세를 보이고 있다.

이는 금리인하에 대한 기대감과 급매물 증가 등이 영향을 미친 것으로 분석된다. 이러한 자료를 종합해 볼 때, 최근 몇 년간 서울의 꼬마빌딩 거래는 꾸준한 증가세를 보이고 있으며, 이는 투자자들의 관심이 지속되고 있음을 나타낸다.

〈꼬마빌딩에 투자하는 이유〉

1. 우선 임대소득을 얻기 위한 목적이고, 매월 임대료를 받을 수 있기 때문에 **안정적인 수익 창출**이 가능하다.

    은행 1년 정기예금 금리보다 수익률이 2배 이상 높다. 물론 공실에 따른 수익률 하락 요인도 있지만, 1층 임차인만 잘 유치하면 은행 금리보다 높은 수익을 거둘 수 있다. 꼬마빌딩 수익률은 1층 상가 임차인에 달려 있다고 해도 과언이 아니다.

2. 입지와 주변 상권이 좋은 곳이라면 건물 가격이 점점 오를 확률이 높다. 핫 플레이스(Hot Place) 같은 경우는 몇 년 만에 건물 가치가 2~3배 뛰는 경우도 있다.

3. 주택에 비하여 종합부동산세 부담이 적고, 법인 명의로 구입하면 절세 전략으로 활용할 수 있으며, 상속·증여 전략으로 활용할 때도 더 유리할 수 있다.

4. 부동산 규제가 주택 중심으로 강화되고 있지만 꼬마빌딩은 규제가 덜하다. 다주택자들에게 메리트(merit)가 있는 투자처다.

〈꼬마빌딩 투자 시 고려할 사항〉

1. **유동 인구가 많은 지역, 역세권, 대로변, 배후 수요가 많은 곳**은 투자 실패 확률을 줄일 수 있는 가장 좋은 부동산 입지다.

2. 투자의 핵심 지표 중 하나인 임대수익률은 보통 연 5~6% 이상이 되어야 한다.

> - 임대수익률 계산법 :
>   연간 임대수익 ÷ 매입 가격 × 100 = 임대수익률

3. 노후 건물은 유지·보수 즉, 리모델링 비용이 많이 발생하게 된다. 내부 건물 상태, 빌딩 외관 등을 꼼꼼하게 파악하여 투자해야 한다.
4. 지하철 개통 예정지, 대규모 산업단지 조성 등의 호재가 있는 지역을 선택해야 한다.

〈꼬마빌딩 구입 시 중요 체크포인트〉

1. 입지, 임대수익률, 건물 상태, 세금 전략을 철저히 파악해서 투자해야 한다.
2. 핵심 상권, 즉 좋은 입지에 경쟁력 있는 매물을 찾아서 투자해야 한다.
3. 공실률이 낮고 꾸준한 임대수익이 발생하는 건물에 투자해야 한다.

일반적으로 주택과 꼬마빌딩은 매매가격대가 다르고 수요층도 달라 별개의 시장으로 분류된다. 하지만 최근 꼬마빌딩 시장의 움직임에는 주택 시장 영향이 반영되는 모양새다.

우선 최근 집값이 급등하면서 **꼬마빌딩과 집값 사이 격차가 줄어든 점**이 꼬마빌딩 투자를 자극한 측면이 있다.

서울 아파트 중위가격은 KB부동산 통계를 인용하면, 2025년 4월에 10억 원대에 재진입한 후, 2025년 8월에 10억 4,000만 원으로 나타났다. 4개월 연속 상승세를 이어가고 있는 것으로 분석된다. 서울 강남 신축 아파트 전용 84㎡ 매매가는 30~40억 원을 넘는 경우도 있다.

특히 정부가 연이어 주택 대출 규제를 강화하자 대체재로 꼬마빌딩을 찾는 경우가 많아졌다. 꼬마빌딩은 대출 자체가 어려운 아파트보다는 규제가 덜하다.

꼬마빌딩 대출에는 월세로 이자를 낼 수 있는 금액까지만 대출이 가능한 **임대업이자상환비율**(RTI, Rent To Interest Ratio)이 적용된다. 임대업이자상환비율(RTI)은 임대 부동산에서 발생하는 연간 임대 소득세를 연간 이자 비용으로 나눈 값이다. 쉽게 말해 **임대료 수입으로 얼마나 많은 이자를 감당할 수 있는지를 나타내는 비율**을 의미한다. **꼬마빌딩**은 보유세와 양도소득세 중과 대상에서도 **제외**된다.

결론적으로 말하자면 빌딩 구입자(투자자)는 '컨설턴트가 알아서 좋은 매물을 찾아주겠지'라는 생각을 버려야 한다. 투자자가 직접 찾으려고 노력해야 한다. 빌딩을 전문적으로 다루는 중개업자를 만나서 많은 매물을 비교 분석하면서 좋은 빌딩을 찾아야 한다. 전문가의 조언을 참고하여 꼬마빌딩에 **투자하려는 이유와 고려할 사항을 파악**하고, **빌딩 구입 시 중요 체크포인트**를 확인하고 투자해야 성공한다.

07

상가 투자 성공을 위한 5가지 조건

　부동산 투자의 꽃이라 불리는 상가 투자는 꾸준한 임대 수익과 자산 가치 상승의 매력을 지니고 있지만, 리스크도 결코 무시할 수 없다. 특히 상가는 아파트와 달리 철저한 상권 분석과 전략이 필요한 투자 상품이다.

　상가를 구매하는 것은 막대한 자산이 이동하는 복합적인 거래로, 정확한 정보와 철저한 사전 검토가 필수적이다. 임대 수익과 자본 이득을 동시에 고려해야 한다.

　좋은 상가를 구입하는 **1차 목적은 안정적인 임대 수익 확보**에 있고, **2차적으로는 건물 가격 상승에 따른 자본 이득 확보**에 있다.

지금 당장은 임대 수익이 높아 건물 가격이 높게 형성되어 있어도, 향후 상권이 쇠퇴해 임대 수익이 떨어질 가능성이 있는 곳이라면 구입을 피해야 한다. 건물 가격 또한 덩달아 떨어질 수밖에 없기 때문이다. 하지만 그 반대의 경우라면 적극 구입을 고려해야 한다.

〈상가 투자 전 반드시 고려해야 할 5가지 핵심포인트〉

1. 상가의 핵심은 바로 '위치'다. 입지는 해당 지역의 주변 환경, 생활 인프라, 교통 접근성, 개발 호재 여부 등을 종합적으로 분석해서 구매해야 한다. 따라서 **입지 조건은 수익률과 직결되며, 자산 가치 상승, 고객 유치와 매출 등으로, 수익성의 60~70%를 좌우**한다.

2. 임대 수익은 투자 판단의 기준이므로 **현재 및 예상 수익률 확인**은 필수적이다.

   좋은 상가의 가치는 결국 '안정적인 임대 수익 확보와 향후 건물 가격 상승에 따른 자본 이득 확보'로 결정된다.

   구매를 고려하고 있는 상가는 임대 수익과 **실질 수익률이 투자 결정에 더 큰 영향**을 준다. 수익률 계산 공식을 살펴보면 다음과 같다.

- 수익률(%) = (연간 임대료 / 구입가) × 100

예를 들어, 구입가 5억 원, 보증금 5,000만 원에 월 임대료가 250만 원이면 연간 임대료는 3,000만 원이다.

- 구입가 : 5억 원 − 수익률 = (3,000 / 50,000) × 100 = **6%**

이 수익률은 공실률, 관리비, 세금 등을 고려한 순수익 기준으로 따져 보아야 한다.

3. 유동 인구는 **숫자보다 '질'**을 따져야 하며, 중요한 것은 '**소비로 이어질 수 있는 유동 인구**'가 **핵심**이다.

   예를 들어, 학원과 주변 상가는 학생과 학부모 중심의 소비 패턴, 대학교 앞은 저가 소비 성향, 오피스 밀집 지역은 평일 중심의 점심, 간편한 소비 등이 일반적이다. 단순히 숫자보다는 유형, 시간대, 소비 성향까지 분석해야 실속 있는 투자로 이어질 수 있다.

4. 소비자의 눈에 잘 띄고, 접근이 용이한 위치에 있어야 한다. 즉 '동선의 유리함'이 투자 성패의 핵심 요소다.

   유동 인구가 많아도 코너에 위치했는지, 건물 안쪽인지, 외부 노출형인지, 3층 이상 계단을 올라가야 하는지 그 구조에 따라서 매출이 달라진다.

5. 엑시트(Exit) 전략 : **팔 때도 전략이 필요**하다.

   투자자에게 정작 중요한 건 구입 전 전략보다는 '팔 때 어떻게

할 것인가'이다.

상가는 아파트에 비해 유동성이 낮은 편이기 때문에 매각 시점, 매수 수요층 분석, 보유 중 가치 상승 전략까지 염두에 둬야 한다. 예를 들면 안정적으로 임차인을 확보한 상가는 매각 시 더 높은 가격에 거래될 수 있으며, 향후 가치 상승이 있는 상가는 수요자 입장에서는 더 매력적인 상가다.

상가 투자는 아파트와 확연히 다른 세상이다. 따라서 철저한 사전 점검이 성공적인 상가 투자로 이어지므로, **단순히 싼 가격에 좋은 건물을 사는 것이 목표가 되어서는 안 된다.**

〈상가 투자 성공을 위한 5가지 조건〉

1. 사람들의 **시선을 끌 수 있는 곳**이어야 한다.
   사람들의 시선에 자주 노출되면 될수록 상가에 입점해 있는 점포의 인지도는 향상되기 마련이다.
2. **접근이 용이**해야 한다.
   사람들의 주목을 받을 수는 있지만 접근하기 어렵다면 선택해선 안 된다.
3. 소비자들이 항상 **필요로 하는 물건을 취급하는 점포**가 있는 곳이 좋다.
   장사가 잘되고, 입지, 환경, 역세권 등이 양호해야 세입자로부터 임대료를 받는 것이 용이하다.

4. 인근 지역 유사 상가의 **권리금이 높은 곳이 좋다.**
    권리금이 높다는 것은 그만큼 장사가 잘되는 것을 의미한다. 따라서 임대료 문제로 골치 앓는 일도 없고, 세를 얻고 싶어 하는 사람들이 항상 대기하고 있어 임대료 연체 등의 문제에서 자유롭기 때문에, 처분 시에도 큰 이득을 얻을 수 있다.
5. 현재 인근 지역에 해당 상가와 **경쟁이 될 만한 상가가 존재하는지**, 더 나아가 새로 건축될 가능성이 있는지 확인한다. 경쟁 상가의 유동 인구 흡인력은 자신의 상가에 직접적인 영향을 끼칠 수 있기 때문이다.

결론적으로 누구나 쉽게 양질의 수익성 부동산을 구입할 수 있음에도 불구하고 실패하는 이유는 당장의 임대 수익에 지나치게 관심을 두기 때문이다.

보통 재테크 투자자들은 임대 수익은 높은데 가격은 저렴한, '**저평가된 수익성 부동산**'을 찾으려고 많은 시간과 노력을 소비한다. 그러나 임대 수익이 높으면서 가격까지 저렴한 수익성 부동산은 그 어디에도 없다. 단지 **미래 가치에 비해 현재 가치가 저평가된 수익성 부동산**만 있을 뿐이다.

따라서 향후 발전 가능성이 풍부한 지역을 관심 있게 지켜보면서, **현재보다 미래 가치가 더욱 뛰어난 알짜 상가를 구입**하는 것이 성공 투자의 지름길이다.

08

'지식산업센터' 아파트형 공장에 주목하라

　수익형·업무용 부동산은 불황기에 더 빛이 나고, 고령일수록 갖고 있어야 할 필수 자산이다. 이 두 장점이 하나로 합쳐진 것이 바로 지식산업센터다.

　많은 사람들이 건물주, 임대업자를 꿈꾸며 부동산 공부를 시작한다. 투자할 수 있는 부동산 투자 상품의 종류는 상가, 지식산업센터, 오피스텔, 꼬마빌딩 등으로 다양하다. 하지만 선뜻 상가나 꼬마빌딩 투자로 뛰어들기에는 경제적·심리적으로 부담이 된다.

　지식산업센터(아파트형 공장)는 2021~2022년 아파트 대출 및 세금 규제를 피해 뭉칫돈이 대거 유입되며 큰 인기를 끌었다.

특히 정부 규제에서 비교적 자유롭고, 수익성이 높다는 점에서 매력적인 투자처로 부각되고 있다.

지식산업센터는 제조업, IT, 연구개발(R&D) 기업 등이 설계된 업무용 복합 건물로, 과거의 '아파트형 공장'에서 개념이 확장된 것이다. 사무실과 공장 기능을 함께 갖춘 것이 특징이다.

경기 불황이 지속되는 상황에서도 금천구 가산동, 영등포구 양평동, 성동구 성수동은 여전히 지식산업센터의 핵심 거점으로 기능하고 있다. 즉 지식산업센터는 다른 업종에 비해 경기 침체의 영향이 상대적으로 적은 편이다.

지식산업센터는 준공 후에는 일반인도 소유할 수 있으나, **분양 단계에서는 입주 자격을 갖춘 적정 업종의 사업자만 참여가 가능하다**. 시행사는 지식산업센터 분양 시 적절한 업종의 사업자에게만 분양한다.

그 이유는 **입주자 모집 공고문** 때문이다. 시행자가 모집 공고문을 작성해 **시장·군수 또는 구청장으로부터 승인**을 받을 때, '입주자의 자격 및 입주 대상 업종'을 공고하고, **"적합한 업종의 유자격자에 한해서만 분양하겠다"**라고 한 것이다.

지식산업센터는 현금 흐름을 만드는 데 있어 아주 유용한 투자 상품 중 하나이며, 상가나 꼬마빌딩으로 바로 뛰어들기에 자금적·심리적으로 부담이 있는 투자자들에게 지식산업센터는 훌륭한 투자처가 될 수 있다.

〈지식산업센터가 안정적이면서도 높은 수익성을 기대할 수 있는 근거〉

1. 입지의 중요성

투자하려는 지식산업센터 및 그 주변 지식산업센터를 같이 봐야 한다.

지식산업센터는 위치에 따라서 매매가의 차이가 크지만, 임대가는 크게 차이가 나지 않기 때문에, 수익률 측면에서는 매매가가 저렴한 물건이 좋다.

1) **교통 : 지하철과 가까울수록 좋다**

요즘 지식산업센터는 사무실·연구실·제조공장으로 많이 쓰이고 있으므로 상주 인원이 많다. 주차 공간은 한정되어 있으므로 직원 대부분은 대중교통을 이용해 출퇴근한다. 그래서 지식산업센터도 지하철역에서의 거리, 대중교통 이용의 편리성에 따라 한 지역에서도 많게는 2배 정도까지 가격 차이가 나게 된다.

2) **지식산업센터 규모 : 연면적이 클수록 좋다**

요즘 짓고 있는 지식산업센터의 추세가 바로 대형화다. 최근에 건축 중인 지식산업센터의 경우 연면적이 무려 8만 평 가까이 되는 예도 있다. 연면적이 큰 이유는 지식산업센터의 연면적이 클수록 편의 시설(로비·휴게공간·주차장·상점)과 옥상공원 등의 공용시설을 더 크게 설치해, **쾌적한 환경 조성이 가능**하기 때문이다. 이는 당연히 가격 상승에도 도움을 준다.

2. 주변 지역 분양 및 입주 현황 확인

구매를 검토하기 바로 전에 주변 지역 타 지식산업센터에 위치한 분양 및 입주 실태를 파악해야 한다. 당연히 구매 당시에 주위 입주 물량에 따른 영향을 받기 때문에 **공실 상태 등** 주변을 잘 살펴봐야 한다.

지식산업센터의 규모가 커지면서 다양한 시설들까지 복합적으로 구성되고 있다. 지식산업센터 내에 스트리트몰, 기숙사, 영화관, 도서관 등 다양한 편의 시설을 배치하는 것이다.

〈지식산업센터의 투자 매력 포인트〉

1. 규제 완화 및 세제 혜택

최초 분양 시 입주자가 직접 사용할 경우에 취득세와 재산세 감면 혜택이 적용된다. 분양 시 납부한 부가가치세 10%도 환급받을 수 있다. 중도금 대출 규제가 적고, 분양가 대비 낮은 자본금으로 투자가 가능하다.

2. 낮은 공실률과 높은 임대수익률

일반 오피스텔이나 상가 대비 공실률이 낮고, 임대수익률이 높다. 기업들의 수요가 꾸준해 **장기적 임대 수익 창출이 가능**하며 높은 수익률을 올린다.

3. 스타트업 및 중소기업 수요 증가

스타트업(Start-up), 중소기업, 연구소 등이 증가하면서 지식산업센터 수요가 증가하여, 수도권 및 주요 산업단지 인근 지역에 지속적으로 공급이 확대되고 있다.

스타트업은 혁신적인 기술이나 아이디어를 기반으로 설립된 초기 단계의 신생 기업을 의미한다. 미국 실리콘밸리에서 처음 사용되었으며, 벤처 기업의 한 유형으로 여겨진다.

4. 전국적 확산과 산업 클러스터 효과

수도권뿐만 아니라 지방광역시(예 : 부산·대구·인천광역시), 주요 산업 클러스터 지역에서도 **투자 기회가 확대되어 다양한 입지 선택이 가능**하다.

산업 클러스터는 특정 지역 내에서 연관된 산업 분야의 기업, 연구소, 대학, 지원기관 등이 모여 상호 작용하며 시너지 효과를 창출하는 산업 집적지를 의미한다.

〈지식산업센터 투자 시 유의 사항〉

1. 대중교통 접근성과 주변 산업단지 연계성 등으로 **입지 선정이 가장 중요**하다.
2. **편의 시설, 주거 시설 등 주변 환경**은 입주 기업의 만족도 및

직원들의 근무 환경에 영향을 미친다.
3. 임차 수요가 확실한 지역인지 **공실률 관리가 필수적**이다. 한국경제신문 2025년 8월 14일자 기사를 인용하면 양주(64%), 포천(74%), 이천(70%)의 지식산업센터에서 공실률이 더 높았다. 장기 공실에 따른 임대료 하락, 경기 침체 등의 이유로 거래도 급감하고 있기 때문에 지역 선택에 유의해야 한다.
4. 지나치게 높은 분양가는 장기적으로 수익성이 저하되므로 **분양가와 임대료를 비교하여 투자**해야 한다.
5. 도시개발계획, 교통망 확충 계획 등 미래 발전 가능성을 고려하여 **장기적인 투자가치를 판단**해야 한다.
6. 금리 변동에 따른 이자 부담을 분석하여 **대출 및 금리 리스크를 고려**하여 투자해야 한다.

수도권에서는 가산디지털단지, 성남, 판교, 마곡, 송파, 광명 등이 대표적인 유망 지역이다.

추가적으로 고려할 사항으로는 정부의 지식산업센터 **관련 정책 변화를 주시하여** 투자에 미치는 영향을 예측해야 한다.

결론적으로는 지식산업센터는 일반 상업용 부동산 보다 높은 임대 수익과 세제 혜택을 제공하는 투자처다.

2023년 말 기준, 전국 지식산업센터의 89.4%가 수도권에 집중되어 있으며, 이 중 경기도가 절반 이상을 차지하고 있어 공급 불균형이 심각하다. 과도한 공급 물량으로 미분양 증가와 공실 등으로 투자 위험도 증가하였다.

지식산업센터 시장을 정상화하기 위해서는 **입주 가능 업종을 제한**하는 현행 규제를 완화하고, 입주 기업에 적용되는 담보인정 비율(LTV : Loan to Value ratio)을 **현행 약 50% 수준에서 80%대로 높이는** 제도 개선이 필요하다는 지적도 있다.

부동산의 두 장점인 수익형과 업무용을 갖춘 지식산업센터 등의 수익형 부동산은 아파트와 달리 주택법 적용을 받지 않기 때문에, 자유롭게 분양권을 사고팔 수 있다. 다만, 입지 선정과 수요 분석이 필수적이다.

CONTENT

01 부동산 강좌를 자주 이용하라
02 투자의 원칙은 분산투자나 소액투자가 원칙이다
03 부동산 임대 사업자가 돼라
04 무릎에서 사서 어깨에서 팔라
05 국토종합계획과 도시기본계획을 면밀히 분석하라
06 부동산 투자, 현장에 답이 있고, 실천이 답이다
07 재테크에 관한 유튜브 채널을 꾸준히 시청하라
08 돈이 오랜 시간 묶이는 것은 올바른 투자가 아니다

Part 3.
재테크

'재테크' 편 핵심 요약 1

- **부자**는 돈을 벌기 위해서가 아니라 **자기 자신에게 끊임없이 수입을 가져다주는 자산을 더 많이 만들기** 위해서 일한다.

- **진정한 부자**는 돈을 잘 버는 사람이 아니고, **투자를 잘하는 사람**이며, 그 **투자**를 자기 돈이 아닌 **남의 돈으로 계속하는** 사람들이다.
  - 진정한 부자는 스스로 일하지 않을 때도 자기가 투자한 **부동산에서 끊임없이 현금이 흘러나오게 만든** 사람이다. 또한 그 투자를 쉬지 않고 계속하면서 자기 한계에 도전하는 사람이다.

- **부자는 절실하게 원해야 이루어지는 것이다. 그 실패를 경험하면서 배우고 또 배우며 성공의 발판이 되어 큰 부자가 되기 위한 기본 덕목**이다.
  - 소형 아파트 임대 사업을 하면 **은행에 이용당하는 게 아니라 은행을 이용해서 부자가 되므로** 당신은 은행을 이용하는 주인이 된다.

- **'투자의 귀재'** 워런 버핏의 가치 투자 원칙은 "**10년 보유할 생각이 없다면 10분도 보유하지 마라**", "**저평가 땅을 매수하여 고가에 매도하라**"이다.
  - 1원칙은 **매매 시기 선택**이다. 2025년 하반기 국내 집값은 '**대출 규제로 인한 수요 억제는 일시적 효과**'에 그칠 것이며 '**수요·공급 불균형이라는 근본적인 문제가 해소되지 않으면 시장 불안이 지속될 것**'이다. 따라서 '**유동성 증가와 화폐가치 하락이 집값 상승을 부추길 것**'이다.
  - 2원칙은 **지역 선택**이다. 성장하는 곳은 **인구 증가, 소득 증가, 인프라 확충, 도시 계획** 등 네 가지 요인을 갖추고 있다.

'재테크' 편 핵심 요약 2

- 국토종합계획은 부동산 투자의 보물창고이며, 투자의 방향성과 지침을 제시하는 보물 지도와 같으며, 초과 수익을 창출하기 위한 길로 안내하는 지침서와 같은 존재다.
  - 국토종합계획에서 우선적으로 살펴봐야 할 내용은 **인구의 추정**이다. **인구가 모이는 곳으로 도로, 철도 등 기반 시설이 설치**되고 지역의 활성화로 이어지며 자산 가치의 상승으로 이어지는 선순환 구조가 일어난다.
- 도시기본계획은 부동산 투자자의 입장에서 안전 투자의 지원군이자 성공 투자의 지름길이다.
- 부동산 재테크는 단순히 공부로 끝나서는 안 된다. 실제 현장에서 발로 뛰고 경험을 쌓을 때 비로소 성공으로 이어진다. 즉, 지식에 머무르는 재테크가 아니라 실천하는 재테크가 필요하다.
- 고대 로마의 시인인 오비디우스(Publius Ovidius Naso)의 명언 : "기회는 어디에나 있다. 낚싯대를 던져놓고 항상 준비 태세를 취하라. 없을 것 같아 보이는 곳에 언제나 고기는 있으니까." 기다리기보다는 능동적으로 움직이며 기회를 포착하려는 자세가 필요하다는 의미다. 즉, **준비된 자에게 기회가 온다는 명언**을 잘 새기길 바란다.
- 부동산 투자는 일반적으로 장기적인 관점에서 이루어지며, 투자금이 오랜 기간 묶이는 것은 당연한 특성으로 볼 수 있다. **단기적인 시세 차익보다는 꾸준한 임대수익과 장기적인 가치 상승을 목표**로 하는 투자가 많기 때문이다.
  - 부동산은 실물 자산으로서 **인플레이션 헤지(hedge) 효과**가 있으며, 장기적으로 안정적인 자산 형성에 기여할 수 있다.
  인플레이션 헤지(hedge) 효과 : 인플레이션으로 인한 화폐가치의 하락에 대비하기 위하여 주식이나 토지, 건물, 상품 등을 구입하는 것을 말한다. 즉, 물가 상승에 대비하여 돈을 잃지 않는 현명한 투자 전략이다.
- 부자가 되기 위해서는 **본인이 시행착오를 겪으면서 솔선수범으로 투자를 실천하면서 노하우를 얻어야 한다.** 그것이 부자가 되는 지름길이다.

01

부동산 강좌를
자주 이용하라

　부동산 투자는 큰 자금이 오가는 만큼 신중하게 접근해야 한다. 따라서 재테크 강좌는 부동산 투자를 하는 데 많은 도움을 준다. 재테크 강좌는 투자 지식을 쌓고 성공적인 투자를 위한 좋은 방법이 될 수 있지만, 장점과 유의 사항을 모두 이해하고 활용하는 것이 중요하다.

〈부동산 재테크 강좌의 장점〉
1. 부동산 관련 법규, 세금 용어, 정책 변화, 시장 분석 방법, 투

자 기법 등 복잡하고 어려운 내용을 쉽게 배울 수 있는 기초 지식 습득이 가능하다. 또한, **부동산 시장의 흐름을 분석하고 개발 호재, 교통 등 다양한 요소를 파악하는 눈**을 기를 수 있어 투자 시야를 넓히는 데 도움이 된다.

2. 경험 많은 전문가의 **실전 투자 사례와 노하우**를 접할 수 있으며, 이를 통해 자신에게 맞는 투자 스타일을 찾고, 투자 전략을 수립하는 데 필요한 구체적인 방법을 배울 수 있다. 이러한 사례들을 통해 간접적으로 경험을 쌓고, 발생할 수 있는 문제점들을 미리 파악하여 대비할 수 있다. 또한 재건축, 재개발, 수익형 부동산, 경매 등 다양한 투자 유형별 전략과 주의 사항을 배울 수 있다.

3. 부동산 투자는 큰 위험을 수반할 수 있으므로 강좌를 통해, **사전에 충분한 지식을 습득하고 위험 요소를 분석하는 방법**을 배우면 불확실성을 줄인다. 안정적인 수익을 창출할 가능성을 높일 수 있다.

4. 혼자서 방대한 부동산 정보를 찾아 공부하는 것보다 체계적인 강좌를 통해 핵심 내용을 효율적으로 습득할 수 있어 효율적이다. 또한 **전문가의 경험을 바탕**으로 시행착오를 줄일 수 있어 **시간을 절약하는 효과**도 있다.

5. 강좌를 들으면서 다른 수강생들과 정보를 교환하고 **인적 네트워크를 형성할 수 있는 기회**가 생기므로, 이는 향후 투자에 있

어 유용한 정보 공유나 협업으로 이어질 수도 있다.
6. 부동산 강좌를 통해 리스크 관리 방법을 배우고, 시장 상황에 대한 이해를 높이면 불확실성을 줄이고 보다 합리적인 투자 결정을 내릴 수 있다. 이는 **위험 감소 및 투자 심리 안정에도 긍정적인 영향**을 미친다.

〈부동산 투자 재테크 강좌의 유의 사항〉

1. **강사의 실제 투자 경험, 전문 지식, 평판 등을 충분히 확인**해야 한다. 단순히 유명세만 보고 선택하기보다는 강좌 내용과 강사의 전문성이 일치하는지, 과장된 수익률을 강조하지는 않는지 등을 꼼꼼히 살펴봐야 한다.
2. 강사의 의견이나 정보는 참고 자료일 뿐, **맹목적으로 맹신**해서는 안 된다. 배운 내용을 바탕으로 자신만의 비판적인 사고를 통해 정보를 재해석하고, 본인의 투자 목표와 상황에 맞게 적용하는 것이 중요하다.
3. 재테크 강좌를 듣는다고 해서 단기간에 큰 수익을 보장받는 것은 아니다. 따라서 부동산 투자는 **장기적인 관점**에서 꾸준히 노력하고 **시장 상황에 유연하게 대처**해서 투자해야 한다. 강사가 특정 부동산을 추천하거나 "무조건 돈 번다"라는 식의 과도한 홍보를 한다면 경계해서 투자해야 하며, 반드시 타(他) 전문가의 조언을 듣고 투자해야 한다.

4. 강의료 외에도 교재비, 스터디 비용 등 추가적인 비용이 발생할 수 있다. 비용을 미리 확인하고, 자신이 감당할 수 있는 수준인지 고려해야 한다. 일부 강의는 내용에 비해 가치가 떨어질 수 있으므로, 무료 강의나 다양한 재테크 강좌를 자주 이용하는 것도 좋은 방법이다.

5. **부동산 시장은 끊임없이 변화**하므로 과거의 성공 사례나 오래된 정보가 현재 시장에 그대로 적용되지 않을 수 있다.

   따라서 강좌에서 배운 내용을 맹신하기보다는, **현재 시장 상황에 맞춰 비판적으로 분석하고 자신만의 판단 기준**을 세워 투자해야 한다.

6. 아무리 좋은 강좌를 듣고 많은 지식을 쌓더라도 **실제 투자로 행동하지 않으면 의미가 없다.** 배운 내용을 바탕으로 적극적으로 현장 답사하고, **작은 투자라도 시작해 보는 실행력이 중요**하다.

7. 모든 강좌가 자신에게 맞는 것이 아니므로 개인의 투자 상황과 맞는 강좌를 선택해서 수강해야 한다. 초보자를 위한 기초 강좌부터 특정 투자유형에 특화된 심화 강좌까지 다양하므로, **자신의 현재 투자 지식 수준과 목표에 맞는 강좌를 선택하는 것이 중요**하다.

결론적으로 부동산 재테크 강좌는 투자의 방향성을 잡고 필요한 지식을 얻는 데 유용한 도구가 될 수 있다. 하지만 맹목적으로 의존하기보다는, 강좌를 자주 이용하여 중요 정보를 캐치(catch)하는 것이 유의미하다. 또한 **비판적인 시각**으로 정보를 받아들이고 **자신만의 투자 원칙을 세워 꾸준히 학습하고 실행하는** 것이 성공적인 투자의 핵심이다.

02

투자의 원칙은 분산투자나 소액투자가 원칙이다

 부동산 투자에 있어 '분산투자'와 '소액투자'는 흔히 언급되는 원칙 중 하나다. 그러나 이 두 가지를 모든 투자자에게 일률적으로 적용되는 절대 원칙으로 보기는 어렵다. 투자자의 자금력, 목표, 위험 감수 성향에 따라 각각의 전략을 적절히 활용해야 한다. 다음은 두 전략의 장점과 유의 사항이다.

1. 분산투자 (Diversification)

분산투자는 말 그대로 투자 자산을 **여러 곳에 나누어 투자하는 전략**이다.

⟨장점⟩

1) 한곳에서 집중에서 투자할 경우 자칫 자금이 오랫동안 묶일 수 있는 위험을 줄이기 위한 것이다.

   특정 부동산에 모든 자금을 집중하는 대신 여러 지역, 유형, 또는 시기를 달리하여 투자함으로써 한곳에서 발생할 수 있는 잠재적인 손실 위험을 줄일 수 있다. 예를 들어, 한 지역의 부동산 가격이 하락하더라도 다른 지역의 부동산 가치를 유지하거나 상승하여 전체 포트폴리오의 손실을 완화할 수 있다.

2) 다양한 투자처에 자금을 배분함으로써 여러 시장의 상승 기회를 포착할 수 있다. **특정 시장이 침체**되어도 **다른 시장에서 수익을 창출할 가능성**을 높일 수 있다.

3) 일부 자산에서 유동성 문제가 발생하더라도 다른 자산에서 자금을 확보하거나 매각하여 대응할 수 있는 유연성을 제공한다.

4) 특정 시장이나 자산 유형에 대한 의존도를 낮춰, 급격한 시장 변화나 예상치 못한 **규제 변화에 대한 대응력**을 높일 수 있다.

〈유의 사항〉

1) 여러 개의 부동산을 관리해야 하므로 각각의 임대 관리, 유지 보수, 세금 처리 등 **관리 업무가 복잡해지고 시간과 노력이 더 많이 소요**된다.
2) 자금을 여러 곳에 분산하면, 한곳에 집중 투자했을 때 얻을 수 있는 **폭발적인 고수익 기회**를 놓칠 수 있다. 또한 각 자산에서 발생하는 **수익이 분산**되어 전체 수익률이 기대만큼 높지 않을 수 있다.
3) 소액으로 여러 부동산에 분산 투자할 경우, 매입 시 부대비용(취득세·수수료 등)이 상대적으로 높게 느껴질 수 있다. 즉, **단위 투자금 대비 비용 부담이 커질 수 있다.**
4) 여러 지역이나 다양한 유형의 부동산에 대해 충분한 정보를 습득하고 분석하는 데 **많은 시간과 전문성이 요구**된다.

2. 소액투자 (Small-scale Investment)

소액투자는 비교적 적은 자본으로 부동산에 투자하는 전략이다. 이는 투자자의 자금력에 따라 상대적인 개념이다.

〈장점〉

1) 부동산 시장에 진입하는 데 필요한 자본금이 적어, 투자 경험

이 부족하거나 초기 자본이 적은 투자자도 비교적 쉽게 시작할 수 있다.
2) 투자금 규모가 적기 때문에, 만약의 손실이 발생하더라도 절대적인 손실의 규모가 크지 않아 심리적 부담을 줄일 수 있다. 또한 비교적 낮은 위험 속에서 투자 경험을 쌓고 학습 효과를 얻는 데 유리하다.
3) 소액으로 여러 번의 투자를 경험하며 부동산 시장의 흐름과 투자 노하우를 체득할 수 있다. 이는 향후 더 큰 규모의 투자를 위한 밑거름이 될 수 있다.
4) 필요시 비교적 작은 규모의 자산은 매각이 더 용이할 수 있으며, 이는 **유동성 확보에 도움**이 된다.

〈유의 사항〉

1) 투자금 자체가 적으므로, 아무리 높은 수익률을 기록하더라도 절대적인 수익금은 크지 않을 수 있다. 큰 자산 증식을 목표로 한다면 소액투자만으로는 **시간이 오래 걸릴 수** 있다.
2) 소액으로는 투자할 수 있는 부동산의 종류나 지역이 제한적일 수 있으므로, 고수익이 기대되는 핵심 지역의 대형 부동산 등은 소액으로 접근하기 어렵다.
3) 작은 규모의 부동산이라도 관리(임대·수리 등)에 드는 시간과 노력은 대형 부동산과 크게 다르지 않을 수 있어, 투자금 대비

관리 효율이 떨어질 수 있다.
4) 소액투자의 경우 대출 등의 레버리지를 활용하는 데 한계가 있다. 이는 투자 수익률을 높이는 데 제약이 될 수 있다.

3. 결론 및 현명한 접근법

분산투자와 소액투자는 각각의 장단점이 명확하며, 이를 '원칙'이라고 단정하기보다 자신의 투자 목표, 자금 상황, 감수할 수 있는 위험 수준, 투자 경험 등을 고려하여 적절히 활용해야 할 전략으로 이해하는 것이 중요하다.

1) 초보 투자자 또는 자본금이 적은 투자자는 소액투자를 통해 **시장을 경험하고 학습**하며, 가능한 범위 내에서 분산투자를 고려하는 것이 좋다.
2) 경험이 있고 자본금이 충분한 투자자는 핵심 지역의 우량 자산에 집중 투자하여 높은 수익률을 추구할 수도 있다. 안정적인 포트폴리오를 위해 분산투자를 적극 활용할 수도 있다.

궁극적으로 부동산 시장은 다양한 요인에 영향을 받을 수 있으므로, 경험이 부족한 투자자에게는 분산투자나 소액투자 등으로 몇 가지 기본 원칙과 전략을 숙지하고 시작해야 한다. 부동산 투자의 원칙은 **충분한 학습과 분석, 자신만의 투자 기준 확립과 노하우,**

그리고 꾸준한 실행이라고 할 수 있다.

맹목적으로 특정 전략을 따르기보다는, 정보를 비판적으로 수용하고 자신에게 맞는 최적의 방법을 찾아 나가는 것이 중요하다.

03

부동산 임대 사업자가 돼라

    2018년 공무원 퇴직 후 역삼동에서 재테크 강의를 들으면서 더욱더 확신을 가진 건, 이런 강의를 아무리 들어 봤자 부자가 되는 진짜 노하우는 없다는 것이었다. 그 이유는 간단하다. 그 자리에서 강의하는 강사들이 부자가 아니기 때문이다.

    큰 부자가 책을 쓰고 강의를 해가면서 스스로 그 노하우를 알려 줄 것이라고 생각한다면 착각이다. 그렇게 착한 부자는 이 세상에 별로 존재하지 않는다. 부자가 되기 위해서는 **본인이 시행착오를 겪으면서, 솔선수범으로 투자를 실천하면서 노하우를 얻어야 한다.**

그것이 **부자**가 되는 지름길이다.

　필자가 강조하고 싶은 말은 부자가 되는 재테크 강의나 책은 여러분에게 약간의 도움은 되지만 큰 도움은 되지 않을 것이라는 사실이다. 왜냐하면 **이론만 알고 실행력이 떨어지기 때문**이다.

　한번 생각해 보자. 우리 같은 평범한 사람들이 부동산 투자 없이 부자가 될 수 있다고 생각하는 것은 쉽지 않은 일이다. 절대 부자가 될 수 없다.

　내가 소유한 **소형 아파트**는 시간이 흐를수록 자산을 불려주고, 꾸준히 임대 소득을 만들어 낸다. 내가 쉬고 있을 때도 멈추지 않고 **나를 위해 수입을 창출해 주는 고마운 자산**이다. 소형 아파트에서 나오는 꾸준한 임대 수익 덕분에 내 주머니는 항상 여유로울 수 있었다.

　부자는 돈을 벌기 위해서가 아니라 **자기 자신에게 끊임없이 수입을 가져다주는 자산을 더 많이 만들기** 위해서 일한다.

　하지만 보통 사람, 가난한 자는 일 하지 않으면 수입이 없다. 수입이 없으면 그달 그달 항상 힘든 생활을 할 수밖에 없다.

　진정한 부자는 단순히 돈을 잘 버는 사람이 아니다. **진정한 부자는 투자를 잘하는 사람**이며, 그 투자를 멈추지 않고 이어가는 사람이다. 더 나아가 자신의 돈이 아닌 **남의 돈을 활용해 투자를 지속할 줄 아는 사람**이 바로 진정한 부자다.

진정한 부자는 스스로 일하지 않을 때도 자기가 투자한 **부동산에서 끊임없이 현금이 흘러나오게 만든 사람**이다. 그리고 그 투자를 멈추지 않고 이어가며, 끊임없이 **자신의 한계에 도전하는 사람**이다.

똑똑한 사람일수록, 일류대학을 나온 사람일수록, 좋은 직장을 가진 사람일수록 부자 되기는 힘들다는 것을 실감한다.

의심이 많은 사람은 절대 부자가 되지 못한다. 계속 의심만 하고 행동으로 옮기지 못하기 때문이다.

안정된 직장보다는 **불안정한 환경에 처해** 있고, 현재 상황을 바꾸고자 하는 의지가 강하며, **도전을 두려워하지 않고**, 남의 말을 큰마음으로 들을 줄 알며, 전문가의 조언을 듣고 바로 행동할 줄 아는 사람이 부자가 되기 쉽다.

부동산에 투자할 때 어떠한 상황에서도 충분한 시간과 부동산에 대한 만족스러운 정보가 계속 주어질 것 같은가? 아니다. 절대 아니다. **좋은 부동산 매물은 절대 기다려주지 않는다.**

부동산 투자 시 임대 사업자 등록은 세금 감면 등 다양한 혜택을 받을 수 있는 매력적인 선택지이다.

임대 사업자가 되면 안정적인 수익과 세제 혜택을 기대할 수 있지만, 제도 변화와 운영 리스크에 유의해야 한다.

대부분의 사람들이 노후에는 일이 없어 힘들다고 한다. 노인의 3고(苦)(빈곤·질병·고독) 등이 노후에 겪는 아픔이라고 한다. 그중에서도 노인들은 고독고가 가장 견디기 힘들다고 하는데, 노인들의 사회적 고립 문제가 심각한 것으로 나타났다.

　노후 문제를 한 번에 해결하는 방법이 있다. 당신이 부동산 임대 사업자가 되는 것이다. 남에게 아파트를 빌려주고 월세나 전세를 받는 사업자가 되라는 것이다. 대부분의 사람들은 노후에 힘들 수밖에 없다. 일을 갖기도 힘들다. 따라서 소형 아파트 등을 투자해서 임대 사업자가 되면 별걱정 없이 노후를 보낼 수 있을 것이다. 살아 있는 동안 돈 걱정 없이 일하며, 삶을 즐기며 살아보자.
　따라서 필자는 퇴직 후 인생 이모작으로 2019년 5월에 마포구 OO동에 한강 조망권이 좋은 OO아파트를 8년간 장기 일반 민간임대아파트로 등록하고, 임대 사업자가 되었다. 상가 등에서 월세를 받고 있어 행복한 노년의 삶을 살고 있다.

〈임대 사업자의 주요 장점〉
1. 매월 고정적인 임대료 수입으로 노후 대비나 현금흐름 관리에 유리하며, 안정적인 현금 흐름이 확보된다.
2. 일정 요건 충족 시 다음과 같은 세금 감면 혜택을 받을 수 있다.
　1) 취득세 감면 : 일정 요건을 충족하는 신축 또는 최초 분양받는 공동 주택 및 오피스텔에 대해 취득세 감면 혜택이 주어진다. 감면 비율은 주택 면적 및 주택 수에 따라 달라질 수

있다.

2) 재산세 감면 : 전용면적 40㎡ 이하의 임대 주택은 재산세가 전액 면제될 수 있으며, 면적에 따라 감면 비율이 적용된다.

3) 종합부동산세 비과세 또는 합산 배제 : 임대 주택으로 등록한 주택은 종합부동산 과세 대상에서 **제외**될 수 있으며, 단 일정 기준(공시가격 등)을 충족해야 한다.

4) 양도소득세 장기 보유 특별 공제 우대 : 장기 임대 주택으로 일정 요건을 충족하면 양도소득세 중과세 대상에서 제외되거나, 일반 부동산을 15년 이상 장기 보유하면 최대 30%까지 장기 보유 특별 공제 혜택을 받을 수 있다.

3. 시세 상승 시 임대 수익과 자산 가치 상승의 이중 수익이 가능하다.
4. 임대 사업 시 법인을 활용하면 자녀에게 자산을 일부 양도하거나 증여할 때 유리하게 설계할 수 있다.

〈임대 사업자의 유의 사항 및 리스크〉

1. 제도 변경 가능성으로 정부 정책 변화(등록제 폐지, 세금 혜택 축소 등)에 따라 수익성 악화 위험이 존재한다.
2. 임대 사업자는 일정 기간(일반적으로 8년) 동안 임대 주택을 유지해야 하며, 의무 기간 내 매도 시 세금 감면 혜택이 취소되고 과태료가 부과될 수 있다.

3. 임대 의무 기간 동안 임대료 인상률이 **연 5% 이내로 제한**된다. 주변 시세 상승률이 높을 경우 임대 수익에 제약이 있을 수 있다.
4. **2020년 12월 10일 이후** 등록한 임대 주택은 해당 주택이 임대 의무 기간과 임대료 증액 기준을 준수해야 하는 재산임을 소유권 등기에 부기 등기해야 한다. 2020년 12월 10일 이전에 등록된 민간임대주택은 2년간의 유예기간을 두어 22년 12월 9일까지 부기 등기를 완료하도록 했다.
5. 세금 혜택은 주택 수에 따라 달라질 수 있으므로 본인의 주택 수를 정확히 파악해야 한다.
6. 부동산 관련 세법 및 임대 사업 관련 법규는 **수시로 변경**될 수 있으므로 **항상 최신 정보를 확인**하는 것이 좋다.
7. 임차인 관련 법적 문제로 전월세 계약, 보증금 반환, 분쟁 등에서 법적 분쟁 가능성이 존재한다.
8. 다주택자 규제 강화 시 종합부동산세 양도소득세 등 세금 부담이 커질 수 있다.

〈주요 고려할 사항〉

1. 등록 형태 결정으로 개인 vs 법인으로 규모가 작고 단기 보유 목적이면 개인 등록하여야 하고, 규모가 크고 장기 임대 상속 목적이면 법인 설립을 고려해야 한다.
2. 임대 물건의 입지와 수요로는 교통, 인프라, 직주 근접 등을

고려해 공실률 낮은 지역을 선택해야 한다.
3. 주변 시세를 기반으로 예상 수익률, 관리비, 세금까지 계산해 수익성을 검토해야 한다.
4. 세금, 회계, 법률 관련 내용은 전문가 자문을 통해 체계적인 준비가 필요하다.

다시 말하지만, 부동산 부자는 보통 사람들처럼 생각을 많이 하지 않는다. 짧고 굵게 생각하여 맞다 싶으면 바로 행동으로 옮긴다. **진정한 부자**는 외적인 과시보다는 **자신의 삶의 질과 가치에 집중**한다. 부자는 부자끼리만 만난다. 그 안에서 정보가 공유되고, 공유된 정보는 그들 사이에서만 흘러 다닌다는 것을 알아야 한다. **부자가 되지 못하는 것은** 이 시대가 힘들고 어려워서가 아니라, **부자가 되기 위한 강렬한 의지가 약하고** 그 의지를 행동으로 옮기는 대신 부자는 나와 다른 금수저를 가지고 태어난 사람이라고만 생각하는 것이 문제다.

열심히 일하고 노력해서 부자가 된 사람은 존중하고 인정해 주어야 한다.

독자 여러분이 대한민국이라는 자본주의 사회에서 살아간다면, 진정으로 인간답게 살고 싶다면 부자가 되어야 한다. 부자로 살아야 한다. 당신에게 주어진 모든 자유를 누려야 하고, 당신 자신에게 주어진 부모 역할, 자식 역할, 배우자 역할을 제대로 해낼 수 있는 능력을 갖춘 부자가 되어야 한다.

부자는 절실하게 원해야 이루어지는 것이다. 부자 중 실패를 겪어 보지 않은 사람은 거의 없으며, 그 실패가 그 사람을 부자로 만들어 준 것이다. **실패를 경험하면서 배우고 또 배우다 보면 바로 그 실패가 성공의 발판**이 되어 큰 부자가 되기 위한 기본 덕목이 된다.

소형 아파트 임대 사업을 하면 지긋지긋한 노예 생활에서 벗어날 수 있다. 당신은 당신 인생의 주인이자 자본주의 사회의 주인으로 살 수 있다. 소형 아파트 임대 사업을 하면 **은행에 이용당하는 것이 아니라 은행을 이용해서 부자가 되므로,** 당신은 은행을 이용하는 주인이 된다.

세금 때문에 정부의 노예가 될 걱정도 없다. 임대 사업자는 일반 사람들보다 낮은 세율로 사업을 운영할 수 있어 세금 부담이 적다. 임대 수익으로 세금을 내고도 충분한 여유 자금이 남아 다른 걱정 없이 사업을 이어갈 수 있다.

부자가 되려면 배포도 커야 하고, 생각도 커야 하고, 다른 사람들에게 베풀 줄도 알아야 한다. 상대방을 용서할 줄도 알아야 한다. 어쩔 수 없이 손해를 볼 때는 확실히 손해를 감수해야 한다. 그러나 가계부를 꼼꼼히 쓰는 사람에게는 이것이 쉽지 않은 일이다.

부자가 되어서 가장 행복한 것은 내 인생을 내 맘대로 살 수 있다는 것, 즉 **경제의 자유, 시간의 자유, 선택의 자유**를 모두 가지고 있다는 점이다. 또 한 가지는 부자가 된 경험과 실패, 그리고 재능을 선하고 열심히 사는 여러분에게 전파해서 큰 도움을 주는 사람이 되었다는 것이, 가장 만족스럽다고 할 수 있다.

결론적으로 부동산 투자 시 임대 사업자 등록은 분명히 매력적인 혜택을 제공하지만, 동시에 따라오는 의무와 제한 사항을 충분히 숙지하고 신중하게 결정해야 한다. 투자하려는 부동산의 종류, 규모, 예상 임대 수익률, 개인의 투자 목표 등을 종합적으로 고려하여 유리한 방향으로 선택하길 바란다.

투자 시에는 반드시 세무사, 부동산 전문가 등과 상담하여 맞춤형 전략을 세우는 것을 추천하며, 독자 여러분 모두 부동산 임대 사업자가 되기를 기원한다.

04

무릎에서 사서
어깨에서 팔라

주식 시장에서 자주 쓰이는 격언으로, "최저점이 아닌 중저점(무릎)에서 매수하고 최고점이 아닌 중고점(어깨)에서 매도하라"는 말이 있다. 즉, **탐욕을 부리지 말고 적당한 선에서 매매하여 안정적인 수익을 추구**하라는 뜻이다.

이 격언은 주식 시장뿐만 아니라 부동산 시장에서도 차용(借用)되고 있다.

이 주식 격언이 의미하는 것은 바닥은 알 수 없으니 적당한 선에서 시장을 예상하지 말고 대응하라는 것이다. 천장을 확인하는 작업을 해야 하기 때문에, 어깨에서 팔 수밖에 없다. 실제 해보면 심리적으로 쉽지 않다.

상승하면 자꾸 팔고 싶고, 떨어지면 사고 싶은 것이 사람 심리라 그렇다. 그리고 바닥에서 안 사고 무릎에서 사면 바닥부터 무릎까지의 수익이 너무 아쉽다. 하지만 이렇게 이익의 일정한 부분을 포기하지 않으면 큰 손실이 날 수도 있고, 큰 이익을 놓칠 수도 있다.

바닥을 보지 않는 무릎은 무릎이 아니고, 천장을 보지 못한 어깨는 어깨가 아니다.

고수들은 **미래 가치가 있는 부동산을 사고 초보 투자자들은 싼 데만 찾는다.**

2025년 우리나라 하반기 부동산 시장은 여러 요인이 복합적으로 작용하여, 지역별·유형별 양극화가 심화될 것으로 보인다. 시장은 계속해서 상승과 하락을 반복하며 요동친다. 그렇다면 이런 혼돈 속에서도 반드시 살아남을 수 있는 불패 전략이 과연 있을까?

'투자의 귀재' 워런 버핏의 가치 투자 원칙은 부동산에도 적용된다. "원금을 잃지 마라", "유행을 좇는 투자는 위기를 맞는다", **"10년 보유할 생각이 없다면 10분도 보유하지 마라"**, **"저평가 땅을 매수하여 고가에 매도**하라" 등이다.

〈필자가 꼽는 부동산 가치 투자 원칙〉

1원칙 : 매매 시기 선택

무릎에서 사고, 어깨에서 팔아야 한다. 하지만 부동산 시장을 예측하는 일은 어렵다. 따라서 2025년 하반기 국내 집값은 '**대출 규제로 인한 수요 억제는 일시적 효과**'에 그칠 것이며 '**수요·공급 불균형**이라는 근본적인 문제가 해소되지 않으면 시장 불안이 지속될 것'이다. 따라서 '**유동성 증가와 화폐 가치 하락이 집값 상승을 부추길 것**'이라는 가능성이 커 보인다. 집값이 고점이었던 2006년 하반기의 경우 강남, 용산, 여의도, 목동의 아파트 가격이 자고 나면 1억씩 폭등했다. 하지만 상승 6년째인 2007년 하락세로 전환했다. 그 경험을 반면교사(反面敎師)로 삼아야 한다.

2원칙 : 지역 선택

성장하는 지역은 **인구 증가, 소득 증가, 인프라 확충, 도시 계획 등 네 가지 요인**을 갖추고 있다. 서울에 적용해 보면 성장 지역으로 도심권(강남·광화문·여의도)과 그 인접 지역이자 광역 중심지(강동·용산·마포·성동·영등포·동작)를 꼽을 수 있다. 교통망, 업무, 상업 시설 확충이 예상되는 창동, 영등포, 목동, 마곡, 삼성동, 잠실은 미래 주거 지역으로 손색이 없다. 한강변뿐 아니라 공원화 등이 추진되는 중랑천, 강변북로, 동부간선도로, 올림픽대로, 경부고속도로 주변도 유망하다.

3원칙 : 슈퍼 부동산 선별

3원칙은 주거 트렌드에 맞는 **'슈퍼 부동산'을 선별하는 전략**이다. '도심회귀', **'직주의문**(職住醫文, 직장·주거·의료·문화시설)', '에코 주택(환경친화적 거주)' 등이 최근 주거 동향이다. 외곽보다는 도심, 그리고 사무실, 주거, 대형 병원, 문화, 쇼핑 시설이 **초**(超)**집적화된 곳을** 선호하는 것이다.

정부 규제와 경기 불황에 대비하여 **똘똘한 한 채를 찾는 사람들이** 늘어나는 원리와 같다. 2026~2027년에는 서울 아파트 입**주 물량이 급감할 것으로 예상**되며, 특히 수도권을 중심으로 **수요 - 공급 불일치가 심화**될 가능성이 높다.

복합적인 요인에 의거 착공 감소의 여파가 나타나며 서울, 수도권 핵심 지역은 입주 물량 감소와 실수요, 투자 수요가 집중되면서 서울 강남권 등 핵심 지역의 아파트 가격 상승세가 이어질 수 있다.

2025년 6월 27일, 이재명 정부 부동산 정책인 강력한 대출 규제(최대 대출 한도 6억 원 제한 등) 영향으로 시장 과열 양상을 일시적으로 진정시켰으나, **장기적인 공급 부족 문제를 해결하지 못하면** 다시 **시장이 과열될 가능성**도 있다.

부동산은 가격이 갑자기 폭등하지 않듯이 악재가 터졌다고 곧바로 급락하지 않는다. 거래 위축에 따른 가격 조정은 올 수 있지만 외부 쇼크가 오지 않는 한 생각만큼 빨리 급락 장세가 오지 않는다. 이른바 '**임계점**(Critical Point)'을 지나야 큰 폭의 가격 변동이 오기 때문이다. 임계점은 어떤 사업에서 더 이상 수익을 내기 어려운 한계점을 비유적으로 표현한 것이다.

2025년 9월 7일 발표된 부동산 주택·공급 대책에 따르면, 2026년부터 2030년까지 향후 5년간 수도권에서 연평균 27만 가구, 총 135만 가구를 착공 목표로 하는 공급 확대 정책이 포함되었다. 규제 지역(수도권 내 강남 3구 + 용산 등)에서는 주택담보대출(LTV) 상한을 기준 50%에서 40%로 낮추는 조치까지 포함했다. 1주택자의 수도권 규제 지역 전세 대출 한도를 기존보다 축소하여 2억 원으로 통일하였다.

종합적으로 볼 때, **2025년 하반기 부동산 시장은 금리 인하·동결이라는 긍정적 요인과 공급 부족이라는 구조적 요인**이 맞물리면서 수도권 핵심 지역을 중심으로 가격 반등 가능성이 점쳐지고 있다. 하지만 대출 규제와 전반적인 경제 불확실성은 시장의 변동성을 높이는 요인이 될 것이다.

따라서 준비된 구매자라면 "무릎에서 사서 어깨에서 팔라"라는 격언을 염두에 두고, 경제 상황과 정부 정책을 고려해 부동산을 어깨에서 파는 시점을 신중히 판단해야 한다.

05

국토종합계획과 도시기본계획을 면밀히 분석하라

국토종합계획과 도시기본계획은 대한민국의 국토 개발 및 관리에 대한 **최상위 계획**으로서, 부동산 투자나 개발 사업에서 매우 중요한 정보 역할을 하고 있어 **투자 방향을 설정하는 데 중요한 지침**이 된다. 이 두 계획을 분석하여 장기적인 관점에서 향후 안정적인 수익을 추구하는 데 도움이 될 수 있다. 향후 개발 방향, 인프라 확충 계획, 용도지역 변경 가능성, 인구 유입 예상 지역 등을 파악할 수 있어 선제적 투자 전략을 세울 수 있다.

국토종합계획은 국가 단위의 장기 계획으로 보통 **20년 단위**

로 수립되며, **국토의 장기적인 발전 방향을 제시**하고, 하위 계획 및 부문별 계획의 기본이 된다. 현재는 제5차 국토종합계획(2020~2040년)이 시행 중이며, 균형 발전과 자원을 효율적으로 이용하는 데 목표를 두고 있으며, 주요 거점 도시 개발과 교통망 확충, 산업벨트 조성 방향 등을 담고 있다.

도시기본계획은 시·군 단위에서 수립하는 중장기 계획으로 보통 10년에서 20년 단위로 세워지며, 도시의 토지 이용, 주택, 산업, 공공시설 배치, 교통체계, 환경보전 등을 구체적으로 제시한 계획으로서, 실제 개발이나 인허가 과정에서 중요한 기준이 된다.

국토종합계획과 도시기본계획 등을 분석하면 장래 유망한 투자처를 발굴할 수 있다.

부동산 투자는 도시계획과 분리해서 생각할 수 없으며, 도시 계획을 모르고 부동산 투자를 하는 것은 도박과 다름없다.

국토종합계획이든 도시기본계획이든 그 계획의 대상은 토지이다. 해당 토지의 향후 운명은 중앙정부 또는 지자체의 의지가 반영된 도시 계획으로 나타나므로, 토지가 아닌 아파트에 투자한다고 해서 달라지지 않는다. 부동산 투자를 도박이 아닌 진정한 투자로 만들기 위해서는 정부와 지방자치단체가 지향하는 미래 국토 발전 방향을 이해하는 것이 필수적이다.

따라서 도시기본계획을 공부하는 것은 부동산 투자자의 입장에서 안전 투자의 지원군이자 성공 투자의 지름길이 될 수 있다.

부동산 투자 지역의 사전 적격성을 검토할 때 고려하는 요소 중 가장 우선시되는 것은 인구의 집중과 이동, 그리고 배치 현황이다. 이러한 인구와 물류의 흐름을 물리적으로 실현시키는 요소가 바로 교통 계획 및 교통 시설 계획이다.

즉, 도로의 상행과 하행, 양방향의 통행이 가능한지를 나타나는 **도로의 방향성**(Road Directionality)은 토지 이용 활성화를 유도한다. 토지 이용 활성화는 곧 토지 이용의 고도화와 집중화를 불러오게 되고, 이 과정에서 부동산의 가격은 상승할 수밖에 없다. 따라서 도로의 신설과 폐지에 대한 정보 분석은 부동산 투자자에게 필수적인 과정이다.

국토종합계획에서 가장 우선적으로 살펴보아야 할 내용은 인구 추정이다. 계획은 인구 추정에서부터 수립되기 때문이다. 인구가 모이는 곳에 도로, 철도 등 기반 시설이 설치되며, 이러한 기반 시설 설치는 곧 해당 지역 활성화로 이어진다.

지역의 활성화는 곧 자산 가치 상승과 인구 유입 및 이동으로 직결되므로, 이 두 핵심 요소를 면밀히 검토하는 것이 지역 발전의 가장 기초적이고 핵심적인 접근 방식이다.

부동산 투자자가 국토 및 도시 계획을 살펴볼 때 중요한 요소 중 하나는 공간 형성에 따른 개발축(Development Axis)이다. 특정 지역의 성장과 발전이 집중적으로 이루어지는 중심 축을 의미한다.

투자자 입장에서 교통망 구축에 따른 교통시설 설치는 부동산 자산 가치 상승 요인에서 빼놓을 수 없는 재료이다.

따라서 신설 철도 역사 및 이전 역사를 주변으로 한 토지 투자는 유효하며, 도로망 구축과 관련된 노선 방향 및 진출입 도로 체계의 중요성은 아무리 강조해도 부족하지 않다.

투자 성공을 위한 분석 포인트로는 도시 계획에 명시된 신도시 예정지나 도시 확장 방향을 파악하여 투자하는 것이 필요하다.

도로, 철도, 광역 교통망의 확장 계획과 인구 유입 예상 지역, 산업단지 조성지 등 도시기본계획을 분석해 관심 있는 지역에 투자해야 한다.

필자가 아는 지인은 2023년 11월 아파트 전세자금을 가지고 당진시의 2035년 도시기본계획을 분석하여 정미면 승산리에 2024년 1월 땅 투자를 진행했다.

정미면은 서북 생활권에 속하며, 석문면, 고대면, 대호지면과 함께 신성장 동력 친환경 에너지산업 거점 육성을 목표로 하고 있다. 투자 관점에서 정미면을 선택한 이유는 아직 저평가된 토지 지역이면서, 향후 서북 생활권 친환경 에너지산업 거점 및 산업단지 개발이 계획되어 있어 지역 경제 활성화와 인구 유입을 촉진할 수 있기 때문이다.

또한 2035년 도시기본계획에는 **국도 32호선 우회로 확보**와 같은 교통망 개선 계획이 포함되어 있으며, **대산~당진간 고속도로 가 2030년 개통되면 정미IC가 신설**되어 정미면 주변 교통 인프라 개선으로 물류와 접근성이 향상되고 투자 환경이 개선될 수 있다.

또한 정미면 수당리 은봉산 산림휴양림 조성사업으로, 위치는

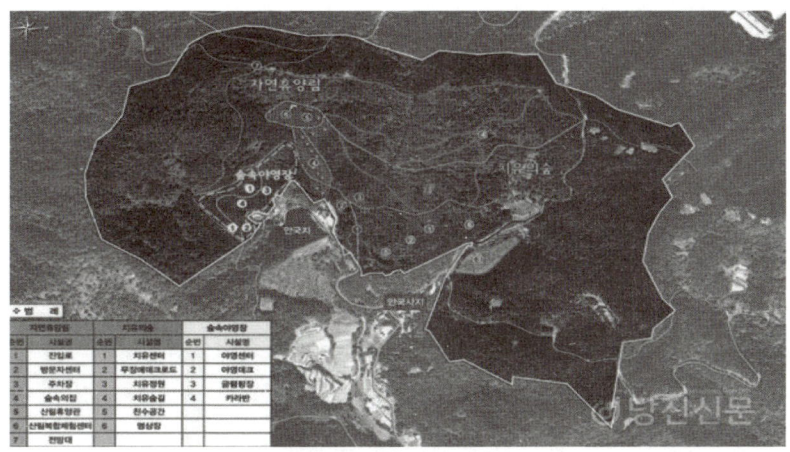

은봉산 자연휴양림 조감도

은봉산 전경

정미면 수당리 산 102-5외 42필지이며 규모는 약 104만 2,663㎡이며, 보상 현황으로 2025년 5월까지 전체 면적의 90%인 토지 보상이 완료되었다.

자연휴양림, 치유의 숲, 숲속야영장 등 다양한 산림휴양시설이 조성될 예정이다. 1단계는 휴양숙박지구를 비롯한 주차 편의, 산림보전지구, 토공 및 조경 공사를 2028년까지 마무리 계획이며, 2029년 완전한 개장을 목표로 하고 있다.

2025년 6월 당진시 전체 인구는 약 17만 명으로, 산업단지 개발과 교통 인프라 개선으로 정미면 인구 유입이 증가할 수 있다. 이는 부동산 가치 상승과 지역 경제 활성화에 긍정적인 영향을 미치므로, 투자 포인트로 삼아 땅 투자를 진행했다.

결론적으로, 국토종합계획과 도시기본계획을 바탕으로 깊이 있는 이해와 분석은 부동산 투자 성공 가능성을 높이는 중요한 요소이다. 장기적인 관점에서 정부 정책 방향을 읽고, 미래 수요 변화를 대비하는 전략적 투자를 통해 안정적인 부동산 자산 형성을 이루기를 바란다.

06

부동산 투자,
현장에 답이 있고, 실천이 답이다

부동산 투자에 있어서 "현장이 답이고 실천이다"라는 말은 매우 중요한 의미를 내포하고 있다. 성공적인 투자를 위해서는 핵심적인 자세와 행동을 강조한 것이며, 단순히 이론이나 정보만으로는 충분하지 않다.

실제 현장에서 발로 뛰고 직접 경험해야 투자에 성공할 수 있으며, 적극적으로 나서는 것의 중요성을 역설하는 표현이다.

부동산 재테크를 위해 직장 생활을 하면서 경매 학원에 다니고, 부동산 관련 강의와 각종 세미나에 참석해 공부하는 사람들이 많다.

즉, 공부에만 그치고 실천이 없는 '공부 재테크'를 하는 사람이 허다하다. 따라서 이제는 공부만 하는 재테크가 아닌 실천하는 재테크를 해야 한다.

필자는 부동산을 구매하기 전에 해당 지역의 **개발 계획도 지도**(map)(예: 당진시 2035년 개발 계획도, 화성시 2035년 개발 계획도)를 구입한다. 해당 물건지 개발 계획 지역을 방문해 하나하나 꼼꼼히 체크하고, 하나의 부동산 물건에 투자하기까지 여러 번 더 찾아간다.

그뿐 아니라 투자하려는 현장에 머물면서 주변 환경을 살펴보고, 식당에서 밥을 먹으며 그 지역의 정보나 상황을 현지인에게서 직접 입수한다. 그러다 보면 그 지역의 고급 정보도 얻게 된다. 이렇게 부동산 투자에 앞서 불안한 마음을 없애고, 확신을 갖기 위해서는 **현장에 자주 들러 다양한 정보를 얻고, 투자에 자신감을 가져야 한다.**

권리상의 하자를 파악하는 것은 등기부등본이나 건축물대장 등을 보면 알 수 있지만, 세세한 부분을 알기 위해서는 현장에 자주 나가봐야 한다. 투자의 승패는 발품과 현장에 달려 있다고 해도 과언이 아니기 때문이다.

부동산 투자나 관련된 지식은 세상에 넘쳐난다. 인터넷만 뒤져봐도 수많은 부동산 정보를 얻을 수 있다. 하지만 인터넷과 책을 통해 지식을 얻을 수는 있어도, 지혜를 얻기에는 한계가 있다.

부동산 전문가에게 비싼 수업료를 지불하고 부동산 투자 관련 강의를 듣거나 1:1 컨설팅을 받는 이유도, 그들이 **지식이 아닌 실패로부터 터득한 투자 노하우와 지혜를 배우기 위함**일 것이다. 이처럼 **지식은 돈으로 살 수 있지만 지혜는 돈보다도 더 큰 가치를 지닌다**.

부동산 투자로 돈을 번 사람 대부분은 기회가 왔을 때 내일로 미루지 않고 '오늘' 바로 실행한다. 없는 돈을 만들어서라도 투자하여, 투자금 대비 50~100% 많은 수익률을 거둔다. 각자 가진 투자금에 맞는 부동산 물건을 찾아 투자를 강행한다.

부동산 투자의 기회는 우리 주변 곳곳에 존재하며, 여러분은 그 기회를 잘 활용해야 한다.

우리는 젊을 때부터 작은 실천을 해야 한다. 바로 '저축'이 아닌 '투자'를 실천해야 하는 것이다. 부동산 투자에 실패하지 않기 위해서는 역세권 소형 아파트부터 투자하는 것이 좋다. 주로 시세보다 싸게 나온 급매물 아파트에 소액으로 투자하는 방식이다.

즉, 부자가 되기 위해서는 부자가 되는 행동을 해야 한다. 부자들은 생각을 실천으로 옮긴 사람들이므로, 자신에게 재테크를 할 수 있는 시간을 확보하고 행동과 의식에 변화를 주어야 한다.

현재 가격보다 미래 가치가 꾸준히 상승할 것으로 예상되는 부동산은 인구가 증가하고 일자리가 많아지는 지역에 위치한 부동산이다. 부동산 투자 원칙을 지키며 수많은 정보와 이슈를 파악하고, 미래 가치가 있는 부동산을 찾아야 실패가 없다.

다시 말하지만, 투자에서 실패하지 않기 위해서는 성급하게 움직이면 안 된다. 필자는 항상 투자자들에게 부동산 가치를 보는 눈을 키워야 한다고 강조한다. '가치'를 보는 눈을 키우라고 하면 거창하게 들리지만, 자기만의 투자 원칙을 세우고 실천하면 된다.

과거에는 "부동산은 사면 오른다"라는 말이 있을 정도로 부동산을 소유만 해도 자연스럽게 시세 차익을 얻었지만, 이제는 노후화된 건물이 많아 가치가 하락하는 건물이 넘쳐난다. 따라서 투자 목표는 저평가되고 노후화된 건물을 구입해 리모델링으로 부동산 가치를 증대시키는 것이다.

임차 수요가 풍부하고 상품 가치가 높은 건물로 리모델링하여, '미운 오리 새끼'를 '황금 오리'로 바꾸어야 안정적이고 높은 수익을 내는 황금알이 된다.

"현장이 답이다"라는 의미는 책상에 앉아 인터넷으로 얻는 정보만으로는 파악하기 어려운 현장의 분위기, 실제 매물의 상태, 주변 환경, 주민들의 이야기 등을 직접 확인할 수 있음을 뜻한다.

이는 투자 결정에 결정적인 영향을 미치는 **질적 정보**를 얻는 가장 확실한 방법이다. 개발 호재가 발표되지 않았지만, 잠재력이 있는 지역은 현장 답사를 통해서만 발견할 수 있는 숨겨진 투자 기회다.

온라인 정보와 달리 실제 현장에서는 소음, 악취, 혐오 시설 존재 여부, 교통 불편 사항 등 위험 요소를 직접 확인하고 판단할 수 있다. 단순히 현재 모습뿐만 아니라 주변 개발 진행 상황, 지역 주민들의 기대감 등을 통해 미래 변화 가능성을 예측하고 선점 투자 기회를 포착할 수 있다.

"실천이 답이다"라는 의미는 아무리 좋은 정보를 얻고 분석을 마쳤더라도, 실제 투자로 이어지지 않으면 아무런 의미가 없음을 뜻한다. 과감하고 신속한 실행력이 성공적인 투자에 중요한 요소이다. 이론만으로는 알 수 없는 실제 투자 과정의 복잡성, 예상치 못한 문제 발생, 협상 과정 등을 직접 경험하며 투자 역량을 키워야 한다.

부동산 시장은 끊임없이 변화하며, 좋은 투자 기회는 기다려주지 않으므로 신속한 분석과 결단력을 바탕으로 적기에 투자에 나서는 것이 중요하다. 모든 투자가 성공할 수는 없으며, 실패를 통해 원인을 분석하고 개선하며 다음 투자를 위한 소중한 경험으로 삼는 적극적인 자세가 필요하다.

현장 답사와 실천을 위한 구체적인 방법으로는 투자 목표를 설정하고 목표에 부합하는 지역과 매물을 탐색해야 한다. 관심 있는 매물이 있는 지역을 직접 방문하여 주변 환경, 교통, 편의 시설 등을 꼼꼼히 확인하고, 여러 번 방문해 시간대별 분위기를 파악하는 것도 좋다.

투자의 답은 현장에 가서 직접 보고 느낀 것을 토대로 해야 하며, 수익의 열쇠는 실천에 있다.

결론적으로 말하면, "현장이 답이고 실천이 답이다"라는 말은 부동산 투자에서 이론적 지식 습득과 분석 능력 못지않게 실제 현장을 발로 뛰며 얻은 생생한 정보와 과감한 실행력이 얼마나 중요한지를 강조하는 격언이다. 끊임없는 현장 답사와 적극적인 실천을 통해 자신만의 투자 경험과 노하우를 쌓는 것이 성공적인 부동산 투자의 핵심이다.

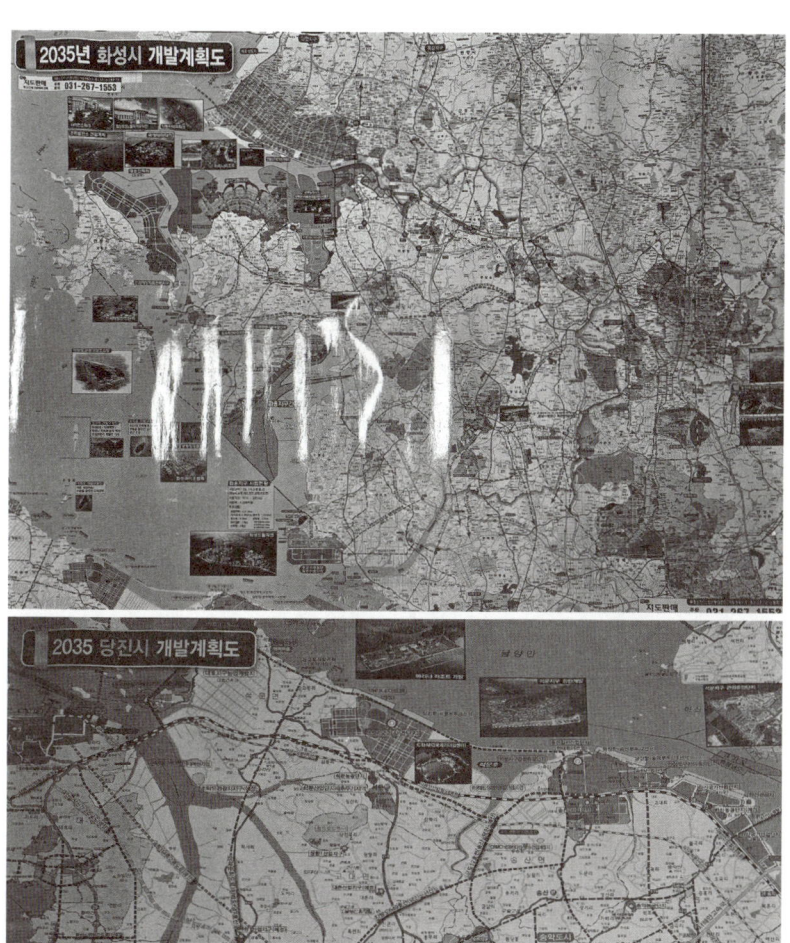

당진시 2035년 개발계획도 지도(map)

07

재테크에 관한 유튜브 채널을 꾸준히 시청하라

　재테크 유튜브 채널을 꾸준히 시청하면 **경제 흐름과 투자 감각을** 키우는 데 큰 도움이 된다. 따라서 유튜브 채널을 계속적으로 시청하며 부동산 투자에 효과적으로 활용하는 방법은 다음과 같다.

1. 신뢰할 수 있는 채널을 선정해야 한다

　예를 들어, "OBS 방송의 행복한 재테크", "김 작가 TV"의 부동산 투자 이야기는 유튜브 채널을 통하여 부동산 관련 정보를 제공하고 있다.

2. 목적에 따라 콘텐츠를 분류해서 시청해야 한다

　입지 분석 : 지역별 개발 호재나 교통망 확장 등 정보 파악이 가능하다.

　돈 버는 방법에 관한 정보 습득은 여러 가지가 있다. 경제 신문을 구독하거나, 재테크 책을 통해서 지식을 넓힐 수 있다. 책은 저자의 모든 에너지와 열정으로 만들어진다. 책값도 얼마 안 된다. 도움될 만한 책을 사서 보면 간접 경험이 되어 많은 도움이 된다.

　돈 없이도 부동산 투자는 가능하다. 지분 투자도 방법이다. 공부하면 돈이 보인다. 성공 사례가 많지만, 투자에는 많은 위험성이 내재되어 있다. 그러므로 손품과 발품으로 매일 부동산을 생각하고 돈을 어떻게 늘릴지 고민해야 위험을 최소화할 수 있다. 월급만으로 내 집을 마련하기는 사실상 쉽지 않으므로, 돈을 늘려나가는 것이 재테크의 핵심이다.

　투자처가 나타나면 여러 가지 상황에 대입해 유리한 쪽을 선택해야 한다. 부동산은 단순 분석만으로는 충분하지 않다.

　MZ세대는 밀레니엄 세대와 Z세대를 통틀어 지칭하는 대한민국의 신조어로, 1980년부터 2010년생까지 출생한 사람으로 정의된다. 태어날 때부터 스마트폰과 인터넷 환경에 익숙한 세대로, 재테크 학습 창구 1순위는 단연 '유튜브'다. 요즘 거래가 활발한 주식, 가상화폐, 부동산, 절세, 저축까지 다양한 콘텐츠가 제공되기 때문이다.

최근에는 금융 관련 정보를 주 콘텐츠로 다루는 스타 유튜버도 다수 등장했다. 대표적으로 부동산, 주식 투자 등 재테크 전반을 폭넓게 다루며 다양한 정보를 제공한다.

필자도 토지 투자 전에 20년 전통의 토지 유튜버 '대박땅군'의 책과 유튜브 채널을 시청하며 급매물이나 투자가치 있는 부동산을 확인하고, 직접 현장 답사를 통해 큰 도움을 받았다.

OBS 방송의 "행복한 재테크"는 재테크 관련 정보를 제공하는 프로그램이다. 주요 내용은 부동산, 금융 상품 등 다양한 재테크 분야의 전문가들이 출연하여 시청자들에게 **실용적인 조언과 전화 연결로 생방송 해주는 유익한 채널**이다.

조선일보 경제 유튜브 채널 **"머니"**는 부자가 되고 싶은 당신을 위한 경제 지침서로 자리 잡고 있다. 기존 주식 투자 위주의 콘텐츠에서 은퇴 설계 등 노후 자산 관리, 보험, 절세, 자산 컨설팅 등 다양한 주제로 범위를 확장했다.

NH농협은행은 **"헬로 부동산"**에서 새해 달라지는 세금 제도를 비롯해 실생활에서 **부동산 똑똑이**(부똑이) 상식 등 유용한 정보를 제공 중이다. 재테크 정보들을 얻을 수 있는 유튜브 채널들을 찾아서 꾸준히 시청하면 재테크에 많은 도움이 된다.

상기 재테크 유튜브를 꾸준히 시청하는 것도 중요하지만, 시청한 내용을 메모하거나 실제 행동으로 연결하여 성공적인 투자를 이루도록 하는 것이 더욱 효과적이다.

부동산 시장 과열과 주식 투자 열풍 관련 도서가 여전히 인기다. 존 리의 『부자 되기 습관』과 김학렬 저자의 『이제부터는 오를 곳만 오른다』 등이 대표적이다. 『부자 되기 습관』은 주식과 펀드 투자 초보자들이 참고하기 유용한 정보를 중점적으로 담고 있다. 어떤 일이든 꾸준함이 중요하다. 꾸준함은 지루해도 끊임없이 매일 한다는 의미이다.

서울 아파트를 구입하지 못했다고 해서 꾸준함을 놓아서는 안 된다. 조금씩 매일 꾸준히 노력하면 그것이 쌓여 좋은 결과를 낳는다.

기회는 항상 존재한다. 예전보다 변화 속도가 빠르다. 변화에 적응하기 위해선 신문, 재테크 책, 유튜브 시청 등을 통하여 남들이 보지 못한 것을 발견할 줄 알아야 한다.

그렇다면 기회를 어떻게 찾을 것인가? 바로 관심이다.

관심은 곧 기회를 창출한다. 관심을 가지고 공부하고 자료를 분석하면 기회를 잡을 수 있다. 기회는 눈앞에 나타났다 스쳐 지나

가기 때문에, 눈앞의 기회를 놓치는 사람은 대부분 관심이 없거나 확신과 자신감이 없기 때문이다. 재테크를 오래 공부하면 무엇이 기회인지 알 수 있지만, 그것은 꾸준한 노력의 결과이다.

실패를 통해 기회를 얻을 수 있다. 그러나 실패하지 않기 위해 간접 교육도 중요하다.

고대 로마의 시인인 오비디우스(Publius Ovidius Naso)의 명언 중에 이런 말이 있다. **"기회는 어디에나 있다. 낚싯대를 던져놓고 항상 준비 태세를 취하라. 없을 것 같아 보이는 곳에 언제나 고기는 있으니까."**

이 명언은 기다리기보다 능동적으로 움직이며 기회를 포착하려는 자세가 필요함을 의미한다. 즉, 준비된 사람에게 기회가 온다는 것이다.

결론적으로, 부동산 투자는 재테크 관련 유튜브를 시청하고 수동적으로 기회를 기다리기보다, 적극적으로 찾아 나서고 항상 준비된 상태로 있는 것이 중요하다.

꾸준한 실천이 습관을 만들고, 성공적인 투자로 이어지는 지름길이 된다.

08

돈이 오랜 시간 묶이는 것은 올바른 투자가 아니다

투자에서 **유동성**(liquidity)은 중요한 요소 중 하나다. 자금이 오랜 시간 묶이면 기회비용이 발생하고, 예상치 못한 상황에서 자금을 회수하기 어려울 수도 있다. 하지만 "돈이 오랜 시간 묶이는 것은 올바른 투자가 아니다"라는 말이 모든 경우에 적용되는 것은 아니다. 투자 전략에 따라 다르게 해석될 수 있다.

부동산 투자는 일반적으로 장기적인 관점에서 이루어지며, 투자금이 오랜 기간 묶이는 것은 당연한 특성으로 볼 수 있다. **단기적인 시세 차익보다는 꾸준한 임대 수익과 장기적인 가치**

상승을 목표로 하는 투자가 많기 때문이다. 하지만 투자금이 장기간 묶이는 것에는 장단점 및 유의 사항이 존재한다.

〈장점〉

1. 부동산은 실물 자산으로서 인플레이션 헤지(hedge) 효과가 있으며, 장기적으로 안정적인 자산 형성에 기여할 수 있다.
2. 임대 수익을 통해 꾸준한 현금 흐름을 창출할 수 있으며, 입지 조건이 좋은 부동산은 시간이 지남에 따라 가치가 상승할 가능성이 높다.
3. 은행 대출 등을 활용하여 자기 자본 대비 높은 투자 수익률을 기대할 수 있다.

〈단점〉

1. 주식과 달리 단기간에 현금화하기 어렵기 때문에, 급하게 더 좋은 투자 기회가 와도 자금을 이동하기 어렵고, 기회비용(opportunity cost)이 발생한다. 또한 한곳에 너무 많은 자금이 묶이면 리스크가 커져 위험 분산이 어려워질 수 있다.
2. 부동산 시장은 정부 정책, 금리 변동, 경기 침체 등 다양한 요인에 따라 예측 불가능한 변수가 나타날 수 있다. 경제 위기, 금리 변화, 개인적인 자금 수요 발생 시 대처가 어렵다면 투자 가치가 하락할 수도 있다. 그러나 장기 투자도 투자자의 현금

흐름을 고려하고, 장기간 보유 시 가치 상승 가능성이 있다면 올바른 전략이 될 수 있다.
3. 돈이 묶여 있는 동안에는 다른 투자 기회를 놓칠 수 있으며, 인플레이션으로 물가 상승률보다 낮은 수익률을 기록하면 실질 가치가 감소할 수 있다.

시간이 지나면서 돈이 구르고 또 구르게 만들어야지 계속 묶여서 썩어 간다면 좋은 투자 방법은 아니다. 내 돈이 계속 굴러서 나에게 끊임없이 수익을 만들어 주고 내 호주머니에 계속 현금을 만들어 주는 투자가 좋은 투자인 것이다.

따라서 투자를 결정할 때는 다음과 같은 요소를 종합적으로 고려해야 한다.

자산 증식, 노후 대비, 주택 마련 등 투자의 목적에 따라 적합한 투자 기간은 달라지며, 단기·중기·장기 등 투자 기간에 따라 선택할 수 있는 투자 상품도 다르다. 다양한 자산에 분산 투자하여 위험을 줄이는 것이 중요하다.

또한 장기 투자도 유리한 경우도 있지만, 투자 목적, 투자 기간, 위험 감수 능력, 시장 상황 등을 종합적으로 고려하여 신중하게 결정해야 한다.

〈투자 시 유의 사항〉

1. 단기적인 시세 차익을 쫓기보다는 **장기적인 관점에서 신중하게 투자 결정**을 내려야 한다.
2. 충분한 정보 수집 및 분석으로 **투자 대상 부동산의 입지, 개발 호재, 시장 전망 등을 충분히** 분석한다.
3. 투자 회수 기간을 고려하여 **충분한 여유 자금을 확보하고 투자**해야 하며, 여러 지역 또는 **다양한 유형의 부동산에 분산 투자**하여 위험을 줄이는 것이 좋다.
4. 부동산 관련 정부 정책 변화에 항상 관심을 가지고 투자 전략을 수정해야 한다.
5. 금리 상승 시 대출 이자 부담이 커질 수 있으므로, **금리 변동 위험을 고려**하여 투자 계획을 세워야 한다.

결론적으로 부동산 투자는 장기적인 관점에서 안정적인 자산 형성에 도움이 될 수 있지만 낮은 유동성, 높은 초기 투자 비용, 시장 상황 변동 등의 위험 요소를 충분히 인지하고 신중하게 접근해야 한다.

단기적 유동성을 중시하는 투자자는 현금화가 쉬운 투자를 해야 한다. 예를 들면 단기채권, 예금, 상장주식이 적합하며 장기적인 자산 증식을 원하는 투자자에게는 시간이 다소 걸리더라도 가치 상승이 기대되는 투자가 적합하다. 그중에서도 부동산, 특히 토지 투자가 좋은 선택이 될 수 있다.

즉, 무조건 돈이 묶이는 것이 나쁜 것은 아니며, 자신의 재정 상황과 투자 목표에 맞추어 **유동성과 수익률을 균형 있게** 고려하는 것이 중요하다. 투자 성향과 목적에 맞는 선택을 하는 것이 바람직하다.

CONTENT

01 현지 공인중개사를 이용하라
02 "초보 투자자를 노린다", 땅 투자 사기당하지 않는 법
03 그린벨트 내 투자 성공 가능성과 주의점
04 땅을 곱게 단장시키면 프리미엄이 생긴다
05 토지 투자 물건 선정 시 최종 고려할 3가지 : 지역, 입지, 용도지역
06 돈 되는 임야를 만드는 '지목 변경' 하는 방법
07 시가화 예정 용지를 선점하라
08 토지 투자 지역 선택 핵심 분석

Part 4.
땅 투자

'땅 투자' 편 핵심 요약 1

- 토지 투자 시 핵심적으로 고려해야 할 일곱 가지 사항

    1. 투자 목적 및 목표를 설정
    2. 입지 분석
    3. 용도지역(도시·관리·농림·자연환경보전지역) 및 지목(전·답·대지 등)에 따라 허용되는 용도도 다르므로 꼭 확인해야 한다.
    4. 개발 계획 및 규제 여부를 살펴봐야 한다.
    5. 토지의 형상과 지형을 살펴봐야 한다.
    6. 가격과 시세 분석을 하여 여러 필지에 분산 투자하여 위험을 줄이는 전략을 고려해야 한다.
    7. 법적 하자 여부를 확인은 필수적이며 공유지분, 상속 문제 있는 토지는 분쟁 소지가 크므로 주의해야 한다.

- 땅에 대한 투자의 긍정적인 측면으로는 다음과 같다.

    1. 특히 개발되지 않은 땅이나 외곽 지역의 땅은 비교적 접근성이 좋을 수 있다.
    2. 도시 확장, 개발 계획, 인프라 구축 등의 요인으로 땅값이 크게 상승할 잠재력이 있으며, 장기적인 관점에서 높은 수익을 기대할 수 있다.
    3. 다양한 용도로 활용 가능성이 있으므로, 향후 개발 가능성에 따라 더 큰 가치를 창출할 수도 있다.
    4. 땅은 비교적 안정적인 자산으로, 자녀에게 상속하거나 증여하는 데 유리할 수 있다.

- 도심 인근의 임야는 개발 가능성, 도로 접근성 등을 살펴보고, 시간이 지나면서 택지로 개발될 가능성이 높아진다. 가치가 상승할 수 있어 투자에 많은 장점이 존재한다.

- 임야는 단기보다는 장기적인 관점에서 접근해야 한다. 보전산지보다는 개발의 폭이 넓은 준보전산지를 선택해야 하며, 경사도가 완만한 15도 미만 임야를 선택해야 한다. 25도 이상은 개발이 어렵고, 허가를 받더라도 막대한 공사비가 들어간다.

'땅 투자' 편 핵심 요약 2

- 국토종합계획이 '숲'이라면 도시계획은 '나무'라 표현할 수 있는데, 도시계획은 도시기본계획-도시관리계획-지구단위계획의 체계를 통해 수립된다.

- 시가화조정구역은 토지이용계획확인원에 표시되지만, 시가화 예정 용지는 표시되지 않고 '총량계획방식'(예 : 2035년 화성시 도시기본계획 시가화 예정 용지 총면적 25.669㎢, 2035년 의왕시 시가화 예정 용지 2.656㎢)으로만 표시된다.

- 우리나라 국토개발계획 체계를 살펴보면 다음과 같다.

  국토종합계획(국토의 장기적인 발전 방향) ← 광역도시계획(각 도의 특성에 맞는 개발 방향 제시) ← 도시기본계획(시·군 단위의 종합적이고 기본적인 지역개발 및 관리) ← 도시관리계획(특정 지역의 구체적으로 정하는 실행 계획) ← 부문별 계획(교통, 산업, 환경 등 특정 분야 개발 계획)으로 이루어지고 있다.

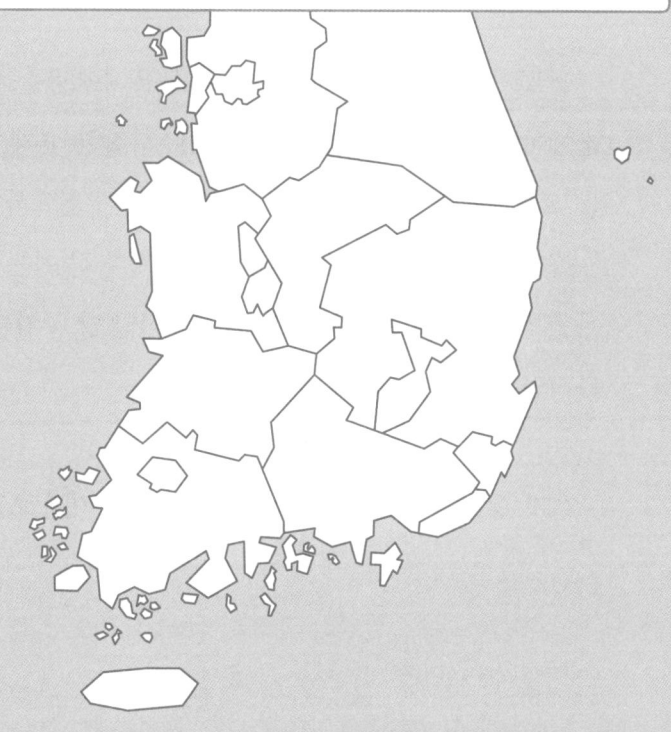

01

현지 공인중개사를 이용하라

　땅 투자는 부동산 투자 중에서도 높은 수익률을 기대할 수 있는 분야이지만, 동시에 정보 비대칭성, 복잡한 규제, 긴 투자 기간 등 고려해야 할 요소가 많아 신중한 접근이 필요하다.
　이때 해당 지역의 발전 상황을 누구보다 잘 아는 현지 공인중개사를 적극적으로 활용하는 것은 성공적인 땅 투자를 위한 매우 효과적인 전략이 될 수 있다.

　현지 공인중개사를 활용해야 하는 **핵심 이유**로는 해당 지역의 개발 계획 정보, 토지 이용 규제 변화, 최근 거래 사례, 숨겨진 호재나 악재 등 온라인이나 일반적인 정보로는 얻기 어려운 생생하고 정확한 정보를 빠르게 파악하고 있기 때문이다.

단순히 현재 시세뿐만 아니라, 지역개발 방향과 잠재력을 바탕으로 **미래 가치 상승 가능성이 높은 땅**을 선별하는 데 도움을 줄수 있다. 시장에 공개되지 않은 알짜 매물 정보를 보유하고 있는 경우가 많아 투자 기회를 넓힐 수 있게 해준다.

또한 현지 지리에 밝아 땅의 모양, 지형, 경사도, 접근성, 주변 환경 등을 종합적으로 분석하여 투자가치를 객관적으로 평가해준다. 복잡한 토지 관련 법규 및 권리 관계를 정확하게 파악하고 토지 등기부등본, 토지대장, 토지이용계획확인서 등을 면밀히 확인하여 투자 위험을 줄여 준다.

용도지역, 용도지구, 건폐율, 용적률 등 토지이용규제를 확인하여 원하는 개발 행위가 가능한 땅인지 여부를 판단하는 데 도움을 준다. 투자 목적, 예산, 선호도 등을 종합적으로 고려하여 최적의 매물을 효율적으로 찾아주는 맞춤형 매물 투자가 가능하다. 투자자가 온라인 정보만으로는 확인하기 어려운 실제 매물의 상태를 미리 파악하여 불필요한 현장 방문을 줄여줘 시간 낭비를 방지한다.

매도인과의 협상에서 매수인의 입장을 대변하여 유리한 조건으로 가격 협상을 이끌어 낼 수 있고, 복잡한 계약서 작성 및 등기 이전 절차를 안전하고 신속하게 처리해 준다.

지역 네트워크를 활용하여 금융권에 토지 담보 대출, 세금 관련 정보 등 투자에 필요한 다양한 정보를 제공해 주며 토지 측량, 설계, 시공 등 토지 개발 관련 전문가를 소개받을 수도 있다.

또한 지역 주민들과의 관계를 통해 얻을 수 있는 생생한 정보를 제공받을 수 있다.

〈현지 공인중개사 활용 시 주의 사항〉

반드시 공인중개사 자격증을 보유하고 있는지 확인해야 한다. 공인중개사 자격증을 보유하고 있더라도 특별히 **토지 투자에 전문적인 공인중개사를 활용**하는 것이 좋다.

관할 관청에 정상적으로 등록된 중개 사무소인지 확인은 필수적이며, 주변 사람들의 평가나 온라인 후기를 참고하여 신뢰할 수 있는 공인중개사를 선택해야 한다.

해당 지역에서 오랫동안 토지 투자에 대한 중개업을 해온 **경험이 풍부하고 토지 투자에 대한 전문성을 갖춘 중개사**를 선택하는 것이 좋다.

수수료 및 계약조건 등을 명확히 확인하여 중개 수수료율 및 지급 시기, 계약 조건 등을 명확하게 확인하고 계약서를 꼼꼼히 검토해야 한다. 현지 공인중개사의 조언은 참고 하되, 투자 결정은 반드시 **본인의 책임하에 신중하게 생각**해야 한다.

한 곳의 중개사에게만 의존하기보다는 여러 곳의 중개사와 상담하여 **정보를 비교하고 객관적인 판단**을 내리는 것이 좋다.

아무리 좋은 정보를 얻었다 하더라도 **반드시 직접 현장을 방문하여 땅의 상태, 주변 환경, 개발 가능성** 등을 꼼꼼히 확인해야 한다.

결론적으로 땅 투자는 **높은 전문성과 현장 정보가 요구되는 분야**다. 현지 공인중개사는 풍부한 지역 정보와 경험을 바탕으로 투자 성공 가능성을 높이는 데 중요한 역할을 수행한다.

다만, 주의 사항을 숙지하고 신중하게 지역 공인중개사를 선택하여 적극적으로 활용한다면 더욱 안전하고 성공적인 땅 투자를 이끌어 낼 수 있다. 투자하고자 하는 지역의 신뢰할 수 있는 현지 공인중개사를 찾아 상담하고, 현장 답사를 통해 성공하는 토지 투자 기회를 발굴해 보길 바란다.

02

"초보 투자자를 노린다", 땅 투자 사기당하지 않는 법

땅 투자는 높은 수익을 기대할 수 있지만, 동시에 큰 위험이 따르는 투자다.

특히 전문적인 지식이 부족한 일반 투자자는 사기나 잘못된 정보에 노출될 가능성이 높다.

따라서 안전하게 투자하고 성공적인 결과를 얻기 위해서는 몇 가지 핵심 전략을 반드시 숙지해야 한다.

1. **투자 목표를 설정**하여 단기 시세 차익, 장기적인 가치 상승,

개발 목적 등 명확한 투자 목표를 설정해야 한다. 투자 가능한 예산을 정하고, 레버리지(대출 등) 활용 계획을 신중하게 세워야 한다. 관심 있는 투자 지역을 정하고, 농지, 임야, 택지 등 투자하려는 땅의 종류를 선택해야 한다.

2. **철저한 정보 수집 및 분석**으로 해당 지역의 과거 시세 변동, 현재 시장 상황, **미래 개발 계획 등을 종합적으로 분석**해야 한다.

3. '**토지이음**'과 같은 정부 사이트를 활용하여, 토지이용계획서를 통해 토지의 용도, 면적, 소유관계, 제한 물권 등을 꼼꼼히 확인해야 한다. 반드시 직접 현장을 방문하여 주변 환경, 도로 접근성, 실제 이용 상황 등을 확인해야 하며, **주변 시세와 비교하여 개발 가능성을 예측**해야 한다.

4. 개발 호재를 과장하거나 허위 정보를 제공하며 싼값에 매입한 땅을 비싸게 파는 기획 부동산을 경계해야 한다. 터무니없는 고수익 보장, 조급한 계약 요구, 정확한 지번 미공개 등의 특징을 보이는 사기 유형을 숙지하고 주의해야 한다.

또한, 기획 부동산 측에서 "먼저 가계약을 하고 나중에 마음에 들지 않으면 파기해도 된다"라고 말해도 주의해야 한다. **"가계약도 계약이다"**라는 말은 정식 계약 체결 전의 임시적인 약속인 가계약이라 할지라도, **당사자 간의 합의가** 있었다면 **법적 효력을 발생**시키는 계약의 일종이라는 뜻이다. 따라서 가계약 역시 계약으로서 **구속력을 가지며**, 함부로 파기할 경우 **민**

법에 따라 책임을 져야 할 수 있다.

여러 사람에게 공유지분으로 판매하는 땅은 추후 권리 행사나 매각에 어려움이 있을 수 있으므로 신중하게 결정해야 한다. 계약금이나 중도금을 지급할 때는 반드시 등기부등본상의 소유자 명의 계좌로 입금해야 한다. 중개인 등 다른 사람에게 지급하는 것은 위험하므로, 국토교통부에서 제공하는 표준 부동산 매매 계약서를 사용하는 것이 안전한 계약 체결이다.

따라서 계약서의 모든 내용을 꼼꼼히 읽고 이해한 후 서명해야 하며, **특약 사항이 있다면** 불리한 내용이 없는지 확인해야 한다. 필요하다면 계약 체결 전 변호사의 자문을 받아 법률적인 검토를 거치는 것이 좋다.

5. **투자한 땅에 대해 지속적인 관심**을 가지고 주변 개발 상황 변화 등을 확인해야 하며, 관련 세금 및 부동산 법규 변화에 주의를 기울여 투자 후 관리를 해야 한다.

반드시 확인해야 할 **'땅 투자 사기 피하는 체크리스트'**를 만들어서 확인해야 한다.

1. 등기부등본에서 소유권을 확인해야 한다.
2. 토지이용계획확인원을 확인하여 용도지역, 제한 사항 등을 체크해야 한다.
3. 지적도 점검 시에는 토지의 형태, 경계, 면적 등이 실제 토지

와 일치, 도로 및 진입로 등을 확인해야 한다.
4. 현장 방문은 필수적이다.
5. 현장 공인 중개사에게 이중으로 확인하고, 땅 투자에 있어 사기를 방지할 수 있다.

결론적으로 성공적인 땅 투자를 위해서는 끊임없는 학습과 주의가 필요하며, 섣부른 투자는 큰 손실로 이어질 수 있으므로 충분한 시간을 가지고 신중하게 결정하길 바란다. 부동산 관련 뉴스 및 전문가 칼럼, 부동산 박람회 및 강연회 등을 통하여 다양한 정보를 얻고 전문가와 상담하며 지식을 넓혀가야 한다.

가장 중요한 것은 **스스로 공부하고 발로 뛰는 것**이며, 현명한 투자 결정을 통해 성공적인 땅 투자를 이루길 바란다.

03

그린벨트 내
투자 성공 가능성과 주의점

　개발제한구역은 도시 주변의 녹지를 보존하기 위해 지정한 구역을 일컫는 말이다. 그린벨트(greenbelt)라고도 부른다. 그린벨트 내 투자는 **높은 수익률을 기대**할 수 있지만, 그만큼 **위험 부담도 크고** 주의해야 할 점이 많다.

　그린벨트 해제는 단순히 개발 가능성을 높이는 것을 넘어 환경 문제, 지역경제, 사회적 형평성 등 다양한 측면을 고려해야 하는 복잡한 문제다. 정부의 규제 완화 정책의 일환으로 비수도권 지역의 국가 및 지역 전략 사업 추진을 위해 그린벨트 해제를 확대하고 있다. 환경 평가 1, 2등급지라도 대체지를 지정하면 그린벨트 해제가 가능하도록 규제를 완화했다.

그린벨트 내 성공적인 투자를 위해서는 다음과 같은 사항들을 신중하게 고려해야 한다.

그린벨트 투자는 단기적인 수익을 기대하기 어렵고, 해제 가능성은 정부 정책 변화에 따라 달라지므로 **장기적인 관점에서 접근**해야 한다.

그린벨트 해제는 주변 지역개발 압력, 정부 정책 방향, 지역 특성 등 다양한 요인에 따라 결정되며, 해제 가능성이 높은 지역을 신중하게 선택해야 한다.

최근 정부는 기업투자 유치 및 지역 경제 활성화를 위해 그린벨트 규제를 완화하는 추세다. 이러한 정책 변화는 투자 기회가 될 수 있으며, 그린벨트 내 토지는 개발이 제한되어 있어 상대적으로 저평가되어 있는 경우가 많다.

장기적인 관점에서 개발 호재가 있는 지역을 선점한다면 높은 수익을 기대할 수 있다.

주의할 점으로는 그린벨트 내에서는 건축물의 신축, 용도 변경, 토지 형질 변경 등 다양한 행위가 엄격하게 제한되어 있으므로, 투자 전에 해당 지역의 토지이용 규제를 꼼꼼히 확인해야 한다.

그린벨트 토지는 거래가 제한적이고, 개발이 불확실하여 환금성이 낮으며 투자자금을 회수하는 데 오랜 시간이 걸릴 수 있다는 점을 고려해야 한다.

또한 그린벨트 해제 가능성을 과장하여 투자를 유도하는 기획부동산 사기에 주의해야 하며, 터무니없는 수익률을 제시하거나 조급하게 투자를 결정하도록 압박하는 경우 의심해 봐야 한다.

그린벨트 정책은 정부 정책 변화에 따라 언제든지 변경될 수 있으며, 투자 결정 시점의 정책뿐만 아니라 장기적인 정책 방향까지 고려해야 한다.

그린벨트는 자연환경 보전을 목적으로 지정된 구역이므로, 개발 시 환경 규제를 받을 수 있으며, **환경 훼손 가능성이 있는 토지는 투자가치가 낮을 수 있다.**

그린벨트 해제의 이유는 지역경제 활성화를 위한 측면도 있으며 폭넓게 해제를 허용한다는 방침이다.

현재 서울 그린벨트 해제 유력 후보지 지역은 강남구 세곡동과 서초구 내곡동 일대가 거론되어 왔다.

2023년 7월부터 **비수도권 시·도지사에게** 기존 30만㎡ 이하에서 100만㎡ 미만까지 해제 권한이 확대되어 개발 제한 구역을 직접 해제할 수 있게 되었다.

〈성공적인 투자를 위한 조언〉

1. 반드시 현장을 방문하여 토지의 실제 상태, 주변 환경, **개발 가능성을 직접 확인**해야 한다.
2. 부동산 전문가와 상담하여 **투자에 대한 정확한 정보**를 얻고 위험 요소를 파악해야 한다.
3. 정부 발표, 언론보도, 지역개발 계획 등 **다양한 정보를 꾸준히 수집하고 분석**해야 한다.

 단기적인 시세 변동에 일희일비하지 않고, 장기적인 관점에서 투자해야 하며, 한곳에 집중 투자하는 것보다 여러 지역에 분산 투자하여 위험을 줄이는 것이 좋다.

 결론적으로 그린벨트 내 투자는 높은 수익률을 올릴 수 있는 잠재력이 있지만 그만큼 위험도 크다는 것을 명심해야 한다.
 신중한 분석과 충분한 정보를 바탕으로 장기적인 관점에서 접근한다면 성공적인 투자를 이끌어 낼 수 있다.

04

땅을 곱게 단장시키면 프리미엄이 생긴다

땅에 투자할 때 흔히 보기 좋게 '단장(丹粧)'을 하면 가치가 올라간다고 생각한다. 물론 깔끔하게 정리된 땅이 그렇지 않은 땅보다 매력적으로 보이는 것은 사실이다.

하지만 단순히 겉모습을 보기 좋게 만드는 것만으로는 기대하는 만큼의 프리미엄이 붙기 어려울 수 있으며, 땅의 진짜 가치는 여러 복합적인 요소들에 의해 결정된다는 점을 잊지 말아야 한다.

"땅도 사람처럼 외모가 경쟁력이다"라는 말은 결코 과장이 아니다. 왜 땅을 곱게 단장해야 하느냐 하면, 첫인상이 가격을 좌우하기 때문이다. 같은 땅이라도 정리된 땅은 관리가 잘 되어 있어 매수자에게 좋은 인상을 주며, 그만큼 신뢰를 얻을 수 있다.

또한 같은 땅이라도 트랙터로 **평탄화 작업, 잡초 제거, 도로 확보**만 잘 되어 있으면 천만 원 정도 프리미엄이 붙고, 거기에다 농막 또는 창고를 설치하여 전기와 지하수(또는 수도) 시설을 설치하면 수천만 원의 프리미엄이 붙는다.

토지 모양이 부정형이면 옆집의 토지를 매수하여 **네모반듯**하게 만드는 것도 투자에 플러스 요인이 된다.

용도 변경이나 개발심사 시 배수로, 경계석, 진입로 확보 등은 개발 행위 허가 시 긍정적인 요소로 작용한다. 바로 쓸 수 있는 땅은 건축주, 농업인, 투자자 모두에게 호감을 주므로 투자 결정에 속도가 빠르고 협상력을 높이는 계기가 된다.

어떻게 단장하면 좋을까?

굴삭기로 지면을 정리해 평탄하게 다듬고, 경계를 명확히 표시하여 분쟁을 예방하고 신뢰를 높이는 것이 좋다.

또한 방치된 느낌을 없애기 위해 잡초를 제거하고, 진입로를 확보해 접근성을 높이며, 배수로를 정비하여 침수 위험이 없는 땅임을 어필해야 한다.

실전 투자 조언으로는, 토지를 단장하는 데 드는 비용이 전체 투자금의 약 3~5% 정도이지만, **판매가는 10~20% 상승** 효과가 있다.

즉, "사 놓고 잊기"보다는 "사 놓고 조금만 다듬어도 높은 수익을 얻는다"라는 전략이 통한다.

입지 조건 또한 매우 중요하다. 주변에 개발 호재가 예정되어 있는지, 교통은 편리한지, 주변 환경은 어떤지 등이 땅값에 큰 영향을 미치는 것이다. 토지 이용 규제도 무시할 수 없기 때문에 해당 땅에 어떤 건물을 지을 수 있는지, 개발 행위는 얼마나 가능한지에 따라 가치가 크게 달라진다.

물론 땅을 잘 관리해서 잠재적인 가치를 돋보이게 하는 건 분명히 긍정적인 영향을 주므로 오랫동안 방치된 땅을 깨끗하게 정리하거나, 접근성을 좋게 만들거나, 땅의 장점을 부각시키는 조경 등을 하는 건 좋은 전략이 될 수 있다.

땅의 본질적인 가치를 높이는 핵심 요소는 역시 입지 조건이다. 지하철역, 버스노선, 고속도로 IC와의 접근성을 살펴보고, 새로운 교통망 확충 계획이 있는지도 확인해야 한다.

도로가 개설되면 주변 땅값은 자연스럽게 상승하며, 병원, 학교, 마트, 공원 등 생활 편의시설이 잘 갖춰진 지역일수록 가치 상승 여력이 크다.

또한 신도시 건설, 산업단지 조성, 관광단지 개발 등 미래에 땅값을 끌어올릴 만한 '빅 이벤트(Big Event)'가 있는지도 놓쳐서는 안 된다.

토지 이용 규제 역시 중요한 고려 요소이다.

해당 땅이 어떤 용도지역(도시지역, 관리지역 등)으로 지정되어 있는지에 따라 지을 수 있는 건물의 종류나 규모, 개발 행위의 범위가 달라진다.

결론적으로, 용도지역과 용도지구에 따라 땅의 활용 가치가 달라지고, 반듯한 모양과 넓은 면적의 토지는 활용도가 높아 선호된다. 또한 남향에 탁 트인 조망을 가진 땅은 쾌적성이 높아 인기가 많다.

결국 성공적인 땅 투자란 단순히 땅 자체를 보는 것이 아니라, 그 땅의 **입지적 장점, 개발 가능성, 규제 요건** 등을 종합적으로 분석해 판단하는 데서 출발해야 한다.

05

토지 투자 물건 선정 시 최종 고려할 3가지
: 지역, 입지, 용도지역

    토지 투자를 '종합적인 분석 투자'라고 표현하는 것은 지역, 입지, 용도지역 이 3가지 조건을 종합적으로 판단해 최종 투자할 물건을 선정하기 때문이다. 한 가지 요소만 보지 말고 지역, 입지, 용도지역 3가지를 종합적으로 판단하라. 이 부분만 잘 이해하고 넘어가면 어딜 가든 '토지 투자 초보' 딱지를 뗄 수 있다.

1. 첫째도 지역, 둘째도 지역, 셋째도 지역

먼저 '입지' 선정에서 가장 우선해야 할 것은 '지역' 선정이다.

지역 입지 선정의 기준은 당연히 **'개발 호재'가 존재하거나 '인구 유입'**이 기대되는 지역을 선정하는 것이다.

50억 부자가 되는 길에 무난히 진입하는 데 가장 중요한 것은 지역 선정이다. 애당초 돈이 될 지역 선점이 성공적인 토지 투자의 정석인 것은 아무리 강조해도 지나치지 않다. 여러분의 난생처음 토지 투자의 성패는 처음부터 선택 지역에 달려 있다.

토지 투자는 종잣돈을 심어놓은 그곳이 곧 '자본 텃밭'이다. 특히 **향후 개발 호재, 미래 인구 유입이 많은 지역, 신규도로, 항만, 철도, 전철, 공항, 고속도로 개통 등이 예상되는 지역이 투자 가치가 높다**.

2. 지역을 잘 선택했더라도 '입지'를 잘못 선택하면 '실패'할 수 있다

토지의 위치는 그 가치를 결정짓는 가장 중요한 요소다. 수요가 많고 인프라가 잘 갖춰진 지역, 접근성이 좋은 곳, 그리고 주변 개발 계획과 연관성이 높은 지역의 토지가 유리하다.

토지 입지는 '3성'이 중요하다. 개발의 ①**인접성** ②**접근성** ③**활용성**이다.

인접성은 개발 지역에 직접적 영향을 받는 입지를 선정해야 한다.

접근성은 교통이 좋은 지역이 사람을 끌어들이므로 유동 인구가 많은 것과 같이 개발의 접근 용이성은 2차, 3차 투자자들을 불러들여 향후 환금성을 극대화할 수 있게 한다.

활용성은 기본적으로 토지 투자는 가능하면 땅을 크게 손대지 않으면서도 땅값이 오를 수 있는 지역과 땅의 입지를 선정하는 것이 가장 중요하다. 토지 투자의 성패가 갈리는 것이며 투자할 땅이 가능하면 활용성을 갖춘 땅에 투자하는 것이 좋다.

따라서 '도시기본계획'은 구체적인 입지를 선정하는 데 큰 도움을 준다.

도시개발은 도시기본계획을 바탕으로 도시를 완성해 나가는 것이다. 이 말은 개발할 입지는 처음부터 정해져 있다는 것이다.

현재 기준의 그 입지에서 일어나는 개발 진행 현황은 물론 향후 추가적인 개발 호재가 있는지, 지속적으로 인구가 증가할 수 지역이 되는지, 반드시 공적인 서류를 확인하고 현장을 확인하길 바란다. 이렇듯 도시기본계획을 활용하면 돈이 될 입지를 쉽게 정할 수 있다.

3. 용도지역은 땅 가치를 하늘과 땅 차이로 만든다

필자가 아는 지인은 2016년 6월에 경기도 평택에 삼성전자 반도체공장이 들어온다고 해서 땅을 구입했다. 현재 고덕 신도시가

들어와 있는 바로 옆이다. 땅 값이 올라 모두 좋아하는데 필자의 지인은 산 땅을 팔고 싶어 한다. 그런데 자신의 땅만 안 팔린다고 하소연한다. 그렇다면 대부분 **용도지역** 문제다.

1) 지역으로 '평택'은 훌륭한 선택이다.
2) 평택 안에서도 고덕 신도시 옆이라는 '입지'도 훌륭한 선택이다.
3) 그가 매입한 땅은 개발하기 어려운 '보전관리지역 내' 토지였다. 그러나 개발이 용이한 계획관리지역은 투자하여도 괜찮다.

땅 투자는 마지막 순간까지 신중해야 하며 지역, 입지, 용도지역을 잘 선택하여야 한다.

〈투자 판단을 위한 실무 체크포인트〉

1. 지금 당장의 모습보다는 향후 발전 가능성이 있는 주변 개발 계획, 교통망 확충, 규제 변화 가능성 등을 꼼꼼히 따져봐서 이 땅이 5년 후, 10년 후 어떤 모습으로 변할지 **'미래 발전 가능성'**을 면밀히 검토해야 한다.

   2025년 9월 15일 한국경제신문 기사를 인용하면, **"기업이 반한 충남 당진, 고용률 전국 1위"**이다. 충남 당진은 기업 유치와 고용 창출에서 전국 1위를 기록하며 성장성을 입증했지만, 여전히 부동산 시장에서 저평가된 지역이 많아 투자 매력이 높다.

2. 내 투자 '목표'와의 부합성을 따져 봐야 한다. 단기 차익을 원

하는지, 장기적인 안정적인 투자를 원하는지, 아니면 직접 건축이나 개발을 염두에 두고 있는지 최종 선택이 달라질 수밖에 없으므로 투자 시 나의 계획과 딱 맞아떨어지는가를 스스로에게 물어봐야 한다.

3. 아무리 좋은 땅이라도 예상치 못한 위험은 항상 존재하므로 주변 시세와 비교했을 때 적정한 가격인지 안전 마진은 확보되어 있는지 확인해야 한다. 혹시라도 문제가 생겼을 때, 내가 감당할 수 있는 수준인가를 냉정하게 판단해서 투자해야 한다.

〈토지 투자 시 고려 사항〉

1. 개발 계획의 구체성 : 지역개발 계획이 구체적으로 수립되어 있는가?
2. 기본 인프라 : 도로·상하수도·전기 등 인프라 구축 여부.
3. 법적 리스크 : 토지이용계획, 개발제한구역, 보호구역 등 규제 여부 확인.

결론적으로 투자 전에 해당 지역의 개발 계획과 인프라 구축 현황, 법적 규제를 면밀히 검토하는 것이 중요하며, 이 세 가지(지역·입지·용도지역)를 마지막까지 검토하여 결정한다면 성공적인 토지 투자에 한 걸음 다가설 수 있다고 생각한다.

06

돈 되는 임야를 만드는 '지목 변경' 하는 방법

부동산 투자 중에서 가장 어려운 것이 땅이다. 그래서 땅에 투자를 할 때는 반드시 돌다리도 두드려 보고 건너야 한다. 신중함이야말로 손실을 막고 성공적인 투자를 만드는 가장 확실한 전략이다. 살 때는 물론 팔 때도 마찬가지이다.

임야의 사전적 의미는 숲과 들을 아우르는 말로, 들판을 이루고 있는 숲·습지·황무지 등의 토지를 말한다.

임야 개발은 단순히 토지 구입이 아니라 법적 절차, 지형적 특성, 활용 계획 등을 종합적으로 고려해야 하는 복잡한 과정이다.

임야는 단기보다는 장기적인 관점에서 접근해야 하며, 보전산지보다는 개발의 폭이 넓은 준보전산지를 선택해야 하며, 경사도는 완만한 15도 미만의 임야를 선택하는 것이 좋다. (25도 이상은 개발이 어렵고, 허가를 받더라도 막대한 공사비가 들어간다.)

임야 투자는 낮은 초기 투자 비용과 장기적인 가치 상승 가능성으로 인해 많은 사람들에게 주목받고 있지만, 단순히 저렴한 땅을 사서 보유하는 것이 아니라 어떻게 활용하느냐에 따라 수익성이 크게 달라질 수 있다.

대다수 투자자들이 임야를 구입하는 주된 목적은 지목을 '전'이나 '대'로 변경해 상당한 투자 수익을 얻기 위함이다.

예를 들어, 지목 변경은 임야를 대지 또는 전으로 변경하는 것이다. 지목 변경은 가치 상승과 활용성 증가를 위해 매우 중요하다. 하지만 지목 변경은 단순히 신청만으로 되는 것이 아니라 법적·행정적 요건을 충족해야 하는 절차이다.

임야 개발 허가 절차는 요약하면 다음과 같다.

1. 개발 계획 수립 : 어떤 용도로 변경할 것인지(주택, 공장, 창고 등) 개발 목적을 명확히 설정해야 한다.
2. 토지이용계획확인서를 열람 : 용도지역을 확인해서 임야가 개발 가능한 지역인지를 확인해야 한다.

3. 준보전산지 · 보전산지 구분 : **준보전산지**는 산지전용 협의로 비교적 수월하고, **보전산지**는 산지 전용 허가가 매우 까다롭고 제한이 많다.
4. 실시 공사 및 현황 조사 : 공작물 설치 및 실제적 용도를 변경하기 위해서는, 임야에 건축이나 도로 등 용도에 맞는 작업을 실제로 시행한 뒤, 현황 조사를 거쳐 변경된 지목으로 변경 신청을 해야 한다.
5. 지목 변경 신청 절차 : 토지 소유자가 지적 관청(시 · 군 · 구청)에 신청해야 한다.

   제출 서류로는 1) 지목 변경 신청서 2) 현장 사진 3) 개발행위 허가서 · 산지전용허가서 등 관련 인허가 서류 등이 필요하다.

〈임야 개발의 주의 사항〉
1. 무단 지목 변경이나 산지 훼손 시 과태료 부과 및 원상복구 명령이 있을 수 있다.
2. 임야 투자는 공시지가 대비 실제 거래가 차이가 큰 편이므로 세금에 유의해야 한다.
3. 농지로 변경 시에는 농업인 증명 등 자격 요건이 필요하다.

〈돈이 되는 임야 조건〉
1. 도로 접한 접근성이 좋아야 한다.

2. 계획관리지역 내 위치해야 한다.
3. 수도권 인근, 관광지 인근, 2차 전원주택지로 활용 가능한 지역이어야 한다.
4. 창고, 물류단지 등 개발 수요가 있는 곳이 돈이 되는 임야이다.

필자가 아는 지인은 경북 안동에 계획관리지역 임야 총 7,000평을 13명의 공동지분으로 보유하고 있었다. 경매 소송을 통해 13명의 지분을 3명이 공동 구매 방식으로 매입하여 총 7,000평의 임야를 확보했다.

3명의 공동구매자는 A는 4,000여 평, B는 2,000여 평, C는 1,000여 평을 단일 필지로 지분 정리했다. 총 7,000여 평을 13명의 공동 지분자가 공유할 때는 매매가 어려웠으나, 3명이 각각 단독으로 지분 정리된 상태에서는 활용 가치가 높아 매매 등 거래가 원활했다.

이렇게 임야를 지분 정리하여 '화장(化粧)'하면 전망이 탁 트인, 전혀 새로운 임야가 탄생한다. 화장을 통해 임야의 가치가 높아지는 것이다. 임야에 투자할 때 우리는 '지목 변경'이라는 방법을 활용해 그 가치를 높일 수 있다. 실제로 임야에 투자하여 성공한 투자자들은 논이나 밭을 구매해 대지 등으로 바꾸는 지목 변경을 적극적으로 활용하고 있다.

물론 임야는 농지에 비해 까다로운 규제로 개발하기 힘든 것이 사실이다. 이 말은 반대로 지목 변경을 할 경우 더 큰 차익을 얻을 수 있다는 의미이기도 하다. 농지의 전용 부담금이 공시지가의 30%라면, 임야는 농지보다 약 1/3 정도 저렴하므로 건축비용이 크게 절감되는 장점이 있다. 대신 벌목, 성토, 매립, 정지 작업에 추가 비용이 들기 때문에 견적을 잘 뽑아야 한다. 그리고 3,305㎡(1,000평) 이상 개발할 때 규제가 있었던 과거와는 달리 연접 개발 제한이 완화된 점도 참고할 만하다.

임야에서의 지목 변경은 산지전용 또는 개발행위허가를 획득하고 허가 사항에 대한 준공검사가 완료되어야 한다.

이때 허가를 획득하려면 지역별로 각종 **설계 비용과 대체 산림 자원 조성 비용** 등 제반 비용에 대한 예산이 필요하며, 허가 기간이 제한되어 있으니 참고해야 한다.

임야 투자를 진행할 때는 임야 그 자체를 활용한 사업을 계획하는 것도 좋다. 예를 들며 버섯이나 약초 재배, 조림(造林), 수목원, 자연휴양림, 동물축사 등으로 이용하는 사업을 할 수 있다.

정부의 규제완화 정책으로 최근에는 임야에 대한 규제도 많이 줄었다. 그러나 아무리 규제가 줄었다 해도 주의해야 할 점은 존재한다. 그중에서 특히 눈여겨봐야 할 것이 산지의 종류다. **임야 투자 시 보전산지 투자는 주의해야 한다.**

우리가 토지 투자를 할 때 절대농지를 피하는 것처럼, 임야에도 피해야 할 산지가 존재하는데, 대표적인 것이 **보전산지**다.

보전산지는 절대농지와 같은 개념으로 개발이 엄격하게 제한되어 있다. 대개 문화재보호구역의 산지, 상수원보호구역의 산지, 보전녹지지역의 산지, 자연환경보전지역의 산지 등이다.

산림을 보전하기 위한 지역이기 때문에 공익의 목적 같은 특별한 경우가 아니면 개발 허가가 나지 않는다.

따라서 **초보자**라면 임야, 농지 할 것 없이 **보전이 붙은 곳은 일단 주의**하고 보자. 비슷한 종류로 산림보호구역이 있다. 산림보호구역 또한 개발 허가를 받기가 정말 힘들기 때문에, 투자 용도로는 적합하지 않다.

또한 산지의 종류만큼 중요한 것은 경사도와 수목의 울창함을 나타내는 입목축적(立木蓄積)이다. 임야의 **경사도가 25도 이상**으로 가파르고 나무가 울창한 산은 보호해야 하는 산으로 분류돼 개발 허가를 받기가 매우 어렵다.

마지막으로 사방사업으로 지정된 땅인지도 확인해야 한다. 사방사업은 황폐화된 땅을 복구하거나 붕괴된 산의 모래 날림을 방지하기 위해 공작물을 설치하는 사업이다. 사방사업으로 지정된 임야는 2025년 3월 11일 대통령령 제35373호 사방사업법 시행령 제17조(사방지의 지정 해제)에 따르면, **사방사업이 완료된 후 1년이**

경과하면, 타당성 여부를 검토한 후 적합하다고 인정하는 때는 사방지 지정 해제가 가능하다.

결론적으로 임야는 개발 가능성, 법적 규제, 접근성 등에 따라 가치가 결정되며, 신중한 분석과 계획이 필수적이다.

임야 투자로 수익을 올리기 위해서는 다양한 전략을 세우고, 토목 개발 회사 등 전문가 집단과 사전에 충분히 논의하여 위험을 최소화해야 한다.

도심 인근의 임야는 시간이 지나면서 택지로 개발될 가능성이 높아져 가치가 상승할 수 있어 투자에 많은 장점이 존재한다.

단기보다는 **장기적으로**, 보전산지보다는 **준보전산지로, 경사도가 15도 이하 완만한 경사지**를 구입하고 개발 가능성, 도로 접근성 등을 살펴보고 종합적으로 고려하여 투자하는 것이 성공하는 투자 방법이다.

07

시가화 예정 용지를 선점하라

시가화 예정지를 선점하라는 것은 부동산 투자자들 사이에서 매우 전략적 조언이다.

시가화 예정 용지란 도시 기본계획상의 개념으로, 장차 도시의 확산과 팽창에 대비해 예비적으로 개발을 위해 땅을 미리 확보해 지정한 것을 말한다. 시가화 예정 용지는 이후 도심에 편입되어 개발 가능성이 높으므로 활용 가치가 매우 높다고 할 수 있다.

지자체는 5년마다 도시기본계획을 수립하거나 수정하며, 이를 주민 공람을 통해 누구나 확인할 수 있도록 하고 있다.

따라서 도시기본계획을 면밀히 살펴보는 것은 미래 가치가 높은 토지를 사전에 확보하는 데 큰 도움이 된다.

시가화 예정지는 도시기본계획에서 미래 도시의 밑그림을 그리는 단계이고, 도시관리계획은 그 그림을 현실로 만드는 실행 단계라고 이해하면 된다.

예를 들어 교통망 확충이나 산업단지 조성 계획이 확정된 지역의 토지를 미리 매입해 두면, 수년 뒤 지가 상승의 혜택을 크게 볼 수 있다. 지금은 싼 땅이지만 미래에는 '대지'나 '상업지'가 될 가능성이 높다는 뜻이다.

시흥시 서부권역 월곶동의 폐염전 부지는 시가화 예정 용지로 지정되면서 쓸모없던 땅이 새로운 유망 투자처로 떠오른 대표적인 경우다. 이 땅은 그동안 그린벨트로 묶여 있어 이용이 불가능했지만, 도시기본계획에 따라 시가화 예정 용지로 지정되면서 땅값이 크게 올랐다.

시가화 예정 용지는 토지 투자에 있어 '금광'과 다름없다. 수익에 대한 보장이 확실하기 때문에 토지 투자자들은 반드시 긍정적인 마인드로 접근해야 한다. 아무리 강조해도 부족함이 없는 핵심 투자처이다.

보통 시가화 예정지가 되는 곳은 도시지역의 자연녹지지역, 관리지역의 계획관리지역, 개발진흥지구 중 개발 계획이 아직 수립되지 않은 지역 등이다.

〈'시가화 예정 용지'와 '시가화 조정 구역'은 확연히 다르다〉

한 가지 유의해야 할 점은 '시가화 예정 용지'와 비슷한 '시가화 조정 구역'의 차이를 분명히 알아야 한다는 것이다.

같은 '시가화'라는 말이 붙어 있지만, 시가화 조정 구역은 시가화 예정 용지와 확연히 다르다.

시가화 조정 구역은 도시지역과 그 주변의 무질서한 시가화를 방지하고, 단계적으로 개발하기 위해 일정 기간 유보하는 것이다. 토지에 대한 개발 및 건축 제한을 규제하며, 보통 생산녹지지역이 해당하는 경우가 많다.

유보 기간은 사안에 따라 차이가 있으나 대략 5~20년이며, 용도지역 및 지구와 관계없이 개발이나 건축을 할 경우 허가를 받아야만 한다. 이 구역 안에서는 법에서 정한 일련의 행위 제한을 받게 되고, 위반 시 관련 법에 따라 처리된다. 따라서 토지를 매입했어도 매각이 여의치 않아 장기간 묶일 가능성이 존재한다.

이에 반해 시가화 예정 용지는 도시기본계획상의 개념으로 주거 지역이나 상업·공업 지역으로 활용된다. 보통 시가화 예정 용지 안에서도 역세권 예정지 주변이 가장 알짜배기 땅이다.

시가화 예정 용지의 지정은 원칙적으로 도시기본계획에 의해 이루어진다. 도시기본계획의 5년 단위 타당성 재검토 또는 대내 외적 여건 변화에 따라 그용도와 규모가 변경될수 있다.

참고로 **시가화 조정 구역은** 토지이용계획확인원에 **표시되지만, 시가화 예정 용지는 표시되지 않고** '총량계획방식'(예 : 2035년 화성시 도시기본계획 시가화 예정 용지 총 면적 25.669㎢, 2035년 의왕시 시가화 예정 용지 2.656㎢)으로만 표시된다.

지자체가 **시가화 예정 용지를 지정**할 때는 주변 지역의 개발 상황, 도로 등 도시기반시설의 현황과 수요 등을 먼저 분석, 파악하고 지역별 및 생활권별로 수용 인구, **개발 목적과 방법, 적정밀도 등을 제시해 도시기본계획상**에 반영한다.

이처럼 시가화 예정 용지는 도시계획의 확장에 따라 향후 도시화 개발로 예정된 땅이기에 투자 가치가 높다. 땅값이 크게 상승할 여지가 있지만, 대부분 토지거래 허가 구역으로 지정돼 있어 외지인이 구입하기에는 다소 어려운 점도 있다.

국토종합계획은 1차에서 3차까지는 10년 단위로 수립되었지만, 4차와 5차부터는 계획 수립 기간이 10년에서 20년으로 변경되었으며, 중앙정부가 수립하고 5년마다 여건을 고려해 수정한다.

제5차 국토종합계획은 2020년부터 2040년까지 운영될 예정이다. 참고로 국토종합계획이 '숲'이라면 도시계획은 '나무'라고 표현할 수 있는데, 도시계획은 도시기본계획 → 도시관리계획 → 지구단위계획의 체계를 통해 수립된다.

도시계획의 상세한 내용을 확인하려면 해당 시·군·구청의 도시계획 부서를 방문해 도시기본계획 도면 및 관련 서류를 열람하면 된다.

필자는 실제 토지 투자를 위해 수많은 사람들과 의견과 정보를 공유하지만, 시가화 예정지에 대해서는 누구 하나 이견을 보이지 않을 만큼 확실하게 수익을 기대할 수 있는 투자 대상이다.

필자의 초등학교 친구 안OO 씨는 파주시 파주읍, 문산읍, 월롱면 일부 지역이 시가화 예정 용지로 지정된다는 정보를 입수하고 토지와 건물 등에 총 2억 5천여만 원을 투자했으며, 이후 실제로 두 배 이상의 수익을 올렸다. 이는 시가화 예정 용지를 적극적으로 활용해 거둔 전형적인 사례다.

〈시가화 예정 용지에 대한 감지력을 키워라〉

어느 지역이든 유입 인구가 너무 늘어나 도시 기능의 한계가 감지되면, 이 기능을 대체할 만큼 새로운 땅이 필요하게 된다. 현재의 지역에서 거주하는 부동 인구와 추후 유입될 예상 인구를 분석해 도시 인프라를 구축하기 위해 주변 지역을 개발하는 것이다.

예를 들어 거주 가능한 가구가 1천 가구에 불과한데 예상 유입 인구가 4만 명이라면 주거 지역 개발이 이루어진다. 이때 도로 정비사업이 먼저 진행되며, 이후 전기·가스·수도·녹지·공원·학교 등의 주변 시설이 조성된다. 민간기업의 아파트 건립도 이어진다.

이와 같은 과정이 착착 진행되는 지역이 있다면, 토지 투자의 적합지로 판단하고 눈여겨봐야 한다.

오랜 세월 시가화 예정지로 선정될 만한 땅을 연구·관찰해 본 결과, 도시지역 내 농지 중 주거지 인근 자연녹지지역이 시가화 예정 용지로 선정될 확률이 가장 높았다. 비도시 지역에서는 계획관리지역이 선정될 확률이 높다. 최근에는 생산관리지역까지도 도시화되는 경우가 있어, 저평가된 생산관리지역도 눈여겨봐야 한다.

시가화 조정 구역을 주의하라고 언급했지만, 단계적 개발을 위해 5~20년 범위 내 유보 기간을 설정하며, 유보 기간 만료일 다음 날부터 효력이 상실된다. 시가화 조정 구역으로 설정되면 투자 심리가 위축되어 상대적으로 저평가되기 마련이다. 그러나 해제됨과 동시에 지가는 주변 시세를 따라 많이 상승한다.

그린벨트처럼 기약 없이 묶이는 것이 아니기 때문에, 자식에게 증여하는 등 장기 투자 대상으로도 가치가 매우 높다. 일부 투자자는 규제 해제 시점에 맞춰 시가화 조정 구역에 투자하는 전문가들도 존재한다.

2016년 시가화 조정 구역으로 알려진 대표적인 곳은 동탄 제2신도시 일대와 인천공항 배후도시인 영종도 일대 등이다.

결론적으로 각 지역의 시가화 예정지는 총량만 표시되므로 일반인 투자자가 확인하기 어렵다. 투자 지역의 도시기본계획 및 개발 계획에 따라 변동될 수 있다. 투자나 개발을 고려할 경우, 해당 지자체 홈페이지나 도시과에서 도시기본계획을 열람할 수 있다.

지자체의 공식 문서, 공공데이터, 관련 법령을 참고하여 정확한 정보를 수집·분석함으로써, 부동산 투자에 있어 보다 전략적인 접근을 할 수 있다.

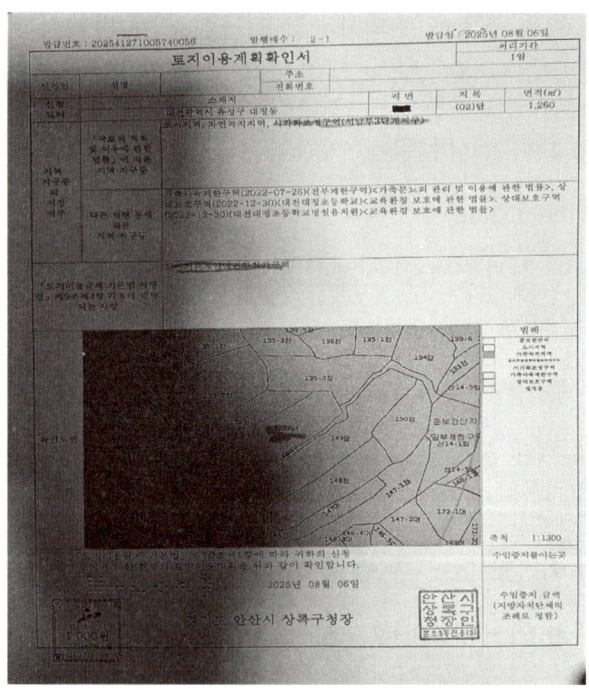

08

토지 투자 지역 선택 핵심 분석

    토지 투자 시 지역 선택은 수익성과 안전성을 좌우하는 핵심 요소이다. 토지 투자 지역을 선택할 때 꼭 분석해야 할 핵심 포인트는 다음과 같다.

1. 개발 호재 여부 및 미래 가치에 투자

1) 신설도로, 철도, 지하철 역세권 등 **교통망 확충 인프라**가 예정되어 있으면 토지 가치 상승에 큰 영향을 미친다.

2) 산업단지, 물류단지, 기업 유치 현황, 지역 경제 활성화 정책 등을 파악하여 첨단 도시개발 등, 대규모 개발 계획이 있으면 토지 **수요 증가 요인을 분석**해야 한다.

3) 주택 공급 확대 계획으로 택지지구, 도시개발구역과 같은 개발 예정지를 눈여겨봐야 한다. 2030년, 2040년 지자체의 중장기 **도시기본계획**을 살펴봐야 한다. 개발 호재 여부는 국토교통부, 지자체 도시계획과, 토지이음(www.eum.go.kr) 사이트에서 확인이 가능하다.

2. 현재와 미래의 수요 확인

1) 해당 지역의 도시기본계획, 개발 계획, 산업단지 조성 계획, SOC 확충 계획 등을 확인하여 **미래 개발 가능성을 예측**해야 한다.

2) 대학, 공장, 기업 이전 등 **인구 유입이 가능한 지역**인지 확인해야 한다.

3) 임야, 농지등 비도심 토지는 향후 용도 변경 가능성을 고려해야 한다. 주변에 상권, 주거 지역 확장성이 있는지 분석해야 한다.

4) 인구증가율, 순이동 인구 등을 분석하여 젊은 인구 유입이 많고 **미래 수요가 증가 가능성이 있는 지역**을 선택해야 한다.

3. 생활 편의 시설 및 환경 여건 고려

주변 환경에 학교, 병원, 편의 시설, 공원 등 생활 편의 시설과의 접근성은 주거용 토지뿐만 아니라 상업용 토지에도 영향을 미치며, **쾌적한 자연환경**은 주거 만족도를 높여 **주거용 토지의 가치를 상승**시킬 수 있다.

4. 용도지역 및 토지이용규제 확인

용도지역 (도시, 관리지역 등) 및 용도지구(경관·고도·취락지구 등)에 따라 건축물의 종류, 건폐율, 용적률 등이 제한되므로 **투자 목적에 맞는 토지**인지 확인해야 한다.

또한 현재 개발 제한 구역이 있는 지역이라도 **향후 규제 완화 가능성**이 있다면 투자 가치가 높아질 수 있다. 토지이음, 부동산 공시 정보 사이트에서 확인이 가능하다.

5. 실거래가 및 시세 흐름 확인

최근 실거래가 추이를 파악하여 주변 유사 토지와 비교 분석해야 하며, 단기 급등 여부를 확인해 거품 여부를 판단해야 한다.

6. 인허가 가능성 및 개발 난이도 확인

진입도로가 있는지, **맹지인지, 여부**를 확보해야 하며 농지 전용 및 산지 전용 허가가 가능한지, 상수도·전기 등 기반 시설 연결 가능성이 있어야 한다.

7. 현장 조사와 미래 전망 확인

투자자가 직접 현장을 방문하여 입지, 접근성, 인근 환경을 확인해야 한다. 주변에 폐기물 시설, 철탑 고압선, 혐오 시설이 있는지 확인해야 하며, 장기적으로 **도시 확장이 가능한 위치**인지 검토해야 한다.

토지 투자는 높은 수익 가능성 과 장기적인 관점에서 미래 가치를 보고 투자해야 한다.

〈토지 투자 시 지역 선택을 위한 핵심 분석 요소들과 수익성 극대화 방법〉
1. 지역 분석이 중요한 이유

토지 투자의 첫걸음은 바로 **유망 지역을 선정**하는 것이다. 이를 위해서는 경제 성장률, 인구 증가율, 인프라 개발 계획 등을 고려해야 한다.

1) 인구 증기율은 행정안전부 **주민등록 인구통계 참고**한다. (예:

당진시, 화성시 등)

2) **개발제한구역 해제 관련 기사들이 눈에 띄는 지역**을 선택하는 것이 유망하다.

2. 수익성 극대화 전략

성공적인 토지 투자를 위해 수익성을 높이는 몇 가지 방법이 있다.

- **• 단기 vs 장기 투자 전략**
- **· 단기 전략** : 개발 호재가 예정된 지역에서 단기 차익을 노리는 방식이며, 예를 들어 **개발이 예상되는 곳**은 택지(신도시), 산업단지, 상주인구 많은 관공서 이전은 투자가 가능하다.
- **· 장기 전략** : 도시 확장이 예상되는 외곽 지역에 투자하여, **장기적으로 가치 상승**을 기다리는 방식이다.

3. 세금 및 법률 지식 습득

취득세, 보유세, 양도소득세 등 세금 구조를 이해하고 계획적으로 접근한다.

1) 철저한 법률 검토로 토지 소유권, 용도지역, 개발 가능성 등을 사전에 확인해야 한다.
2) 특정 지역이나 토지에 모든 자본을 집중하기보다는, 위험을 최소화할 수 있는 분산투자 전략을 활용하는 것이 필요하다.

결론적으로 토지 투자는 전문가의 객관적 분석과 전략이 뒷받침될 때 높은 수익을 기대할 수 있는 투자 방식이므로, 지역 분석과 수익성 극대화 방법을 적극 활용해 리스크를 줄이고 성공적인 투자를 이루길 바란다.

CONTENT

- **01** 양도소득 과세 체계를 이해하라
- **02** 3명의 세무사와 친해라
- **03** 일시적 2주택 비과세 1-2-3 법칙을 활용하라
- **04** 필요경비를 챙겨라
- **05** '자금 출처 조사'에 대비하라
- **06** 증여는 최소한 10년 단위로 하라
- **07** '장기보유 특별공제'를 활용하라
- **08** 증여와 상속을 비교 분석하라

Part 5.
세무

'세무' 편 핵심 요약

- 반드시 매매 계약 체결 전에 3명의 세무사와 상담 후 매매를 진행하라.
  · 가계약도 계약이다.
- 양도소득세 계산식 흐름을 이해하라.
- 필요경비 인정 범위와 인정되지 않는 항목을 확인하라.
- 〈일시적 2주택 비과세 '1-2-3 법칙'을 활용하라〉
  ① 기존 주택을 취득하고 1년 이상 지나서 신규 주택을 취득해야 한다.
  ② 기존 주택은 양도 시점에 2년 이상 보유 또는 거주해야 한다.
  ③ 신규 주택 취득일로부터 3년 이내에 기존 주택을 양도해야 한다.
  단, 동거 봉양으로 인한 합가나 혼인으로 2주택이 된 경우에는 동거 봉양 합친 날로부터 또는 혼인날로부터 10년 이내에 먼저 양도하는 주택(보유 기간 등 비과세 요건을 충족한 주택을 말함)은 1세대 1주택으로 보고 비과세를 적용한다.
- 〈자금 출처 대비 인정되는 것〉 : 안내문 - 15일 이내 자금 출처 소명 자료 제출
  · 본인 근로소득 : 근로소득 원천징수 영수증, 소득 금액 증명원, 급여 통장 내역
  · 금융기관 대출 : 대출 계약서, 대출금 입금 내역, 부채 증명원, 통장 거래 내역
  · 전세보증금 : 전세 계약서, 통장 거래 내역, 세입자 전입 사실 증명
  · 개인 간의 사채 : 입출금 기록이 있는 쌍방의 통장 사본, 차용증, 이자 수수 내역
  · 채무 등을 상환할 때는 반드시 국세청에서 신고된 합법적 소득 범위 내에서 상환해야 추가 세무조사를 면할 수 있다.
  · 자금 출처 소명 기준은 "취득 금액이 10억 원 이상일 경우 취득 자금의 80% 이상 소명해야 한다."

01

양도소득 과세 체계를 이해하라

양도소득세 과세 체계를 제대로 이해하는 것은 절세의 핵심이다. 특히 부동산 투자나 토지 개발에 있어 양도소득세는 수익률에 큰 영향을 미치므로, 꼭 알아야 할 핵심 구조는 아래와 같다.

1. 양도소득세 계산 구조를 살펴보면 다음과 같다

양도가액은 실제 판 금액으로, 취득가액은 취득 당시 지출한 금액이며, 또는 증여·상속 시 신고한 가액(감정가, 기준시가 등)이다.

필요경비는 중개수수료, 취득세, 등록세, 법무사비, 보일러 교체 등 수리비이다.

장기보유특별공제는 3년 이상 보유 시 최대 6~80%까지 공제 가능하다.

2. 양도소득세 세율은 「소득세법」 제55조 제1항에 따른 기본세율을 적용하며, 1세대 1주택(비과세 요건 충족 시)은 비과세이다

일반세율은 보유기간 1년 미만은 70%, 1년 이상 2년 미만은 60%, 2년 이상 보유는 기본세율(6~45%)이며, 비사업용 토지는 기본세율에 (+10%) 가산한다.

3. 절세 전략 예시

1세대 1주택 요건 충족 후 양도(2년 보유 및 조정대상지역 실거주), 부동산 법인 설립을 통한 법인 세율 적용을 검토하고 양도 시기 조절하여 공제 조건 충족 후 매도해야 한다.

4. 토지 투자자 관점 절세 팁

농지, 임야의 경우 비사업용으로 분류되면 기본세율에 (+10%)

가산되므로, 사업용으로 전환되도록 관리해야 한다.

양도소득세의 개괄적인 과세 체계는 아래 표와 같다.

〈양도소득세 계산식 흐름〉

항목	비고
양도가액 ①	실지 거래가액
취득가액 ②	실지 거래가액, 환산 취득가액 등
필요경비 ③	취·등록세, 중개수수료, 확장 비용, 새시 교체 등
양도차익 ④ = ① - ② - ③	양도가액-취득가액-필요경비
장기보유특별공제 ⑤ (소득세법 제95조 2항, 소득세법 시행령 제159조의 4)	보유기간이 3년 이상인 주택
양도소득 ⑥ = ④ - ⑤	양도차익 - 장기보유특별공제
양도소득기본공제 ⑦	연간 1회 250만 원 공제 (미등기 주택 제외)
양도소득과세표준 ⑧ = ⑥ - ⑦	
세율(6% ~45%) ⑨	다주택자가 보유기간이 2년 이상인 조정대상지역 내 주택을 2022.5.10.~2026.5.9 기간 중 양도하는 경우에는 기본 세율을 적용한다. **(한시적)**
양도소득 산출세액 ⑩	양도소득과세표준 × 세율 - 누진 공제
세액공제·감면세액 ⑪	감면 주택, 8년 자경농지
자진 납부할 세액 ⑫	산출세액 - 감면세액
지방소득세	국세 납부액의 10% 별도 부과

2023년 이후 세율은 「소득세법」 제55조 제1항에 따른 기본세율을 적용한다.

- 과세표준 1,400만 원 이하는 6%, 과세표준 5,000만 원 이하는 15%, 10억 원 초과는 45% 기본세율 적용
- 2021.6.1 이후 「소득세법」 제104조에 따른 세율에 의거, 다주택자 중과세율 조정대상지역 소재 주택
- 2주택자는 기본세율 + 20%, 3주택 이상자는 기본세율 + 30% 적용
- 양도소득세 중과세가 적용되면 장기특별공제 배제
- 한시적 적용 : 보유기간 2년 이상 조정대상지역 내 주택을 2022.5.10~2026.5.9 기간 중 양도 시 기본세율 및 장기보유특별공제 적용

결론적으로 반드시 양도소득세 과세표준 계산식 체계를 이해하고, 양도 시 사전에 세무사와 상담하여 진행해야 한다.

02

3명의 세무사와 친해라

　부동산 양도 시 양도소득세는 복잡한 세법 규정과 잦은 개정으로 인해, 납세자들이 내용을 파악하고 적용하기 어렵다. 따라서 세무 전문가의 정확한 진단과 상담을 거치는 것이 매우 중요하다.

　현재는 양도소득세를 피하는 세무사도 존재하므로, 전문적으로 양도소득세를 취급하는 3명의 세무사와 충분히 상담 후 신중하게 매도 결정을 내리는 것이, 예상치 못한 세금 문제 발생을 예방하고 합법적인 절차에 따른 절세 방안 모색에 도움이 된다.

　부동산 양도 시 양도소득세는 금액이 크고 변수도 많으므로, 투자자가 세금 공부를 해야 하는 이유는 세금이 실질 수익률과 직결되기 때문이다.

⟨양도소득세 절세를 위한 권장 절차⟩
1. 3인의 세무사와 상담 후에 **서로 다른 관점과 절세 전략을 비교**하여야 하며, 실수나 빠뜨린 항목이 없는지 교차적으로 검토해야 한다. 상담 시 농지 관련 감면 혜택, 필요경비 인정 범위, 거주요건 등 디테일(detail)한 부분까지 확인해야 한다.
2. 양도 전 세무사에게 매도가, 취득가 및 필요경비, 보유 및 거주기간, 자경 증빙 등을 알려주고 양도차익 계산과 세액 추정을 의뢰한 후 정확한 세액을 산출해야 한다.
3. 세무사로부터 가장 보수적인 시뮬레이션을 기준으로 판단하여 과세당국의 해석과 달라질 수 있는 부분도 고려해야 한다.
4. **양도 계약 체결 전**에 감면 요건이나 절세 방안이 확실히 정리되어야 한다.

"세상에는 피할 수 없는 두 가지가 있다. 첫째는 죽음이요, 둘째는 세금이다."

미국의 독립선언문을 쓴 벤자민 프랭클린(Franklin Benjamin, 1706~1790)이 한 말이다. '미국 건국의 아버지'라 불리며 미국 헌법의 기초를 닦았던 사람조차 세금의 무서움을 인정한 셈이다. 모든 나라가 세법만큼은 철저하게 운용하며, 세금을 걷지 못하면 국가가 운영되지 못하기 때문이다.

그런데도 많은 사람들이 세금의 무서움을 잘 모른다. 심지어 부동산 투자를 하는 사람들도 세금에 대해서만큼은 **나중에 닥치면 해결하겠다는** 식으로 이야기하곤 한다. 그러나 필자도 그랬지만, 투자 규모가 늘어나면 어느 순간 세금의 무서움을 절감하게 되는 날이 반드시 온다. 따라서 **투자자에게 세금 공부는 선택이 아닌 필수**다.

거래 과정별로 부과되는 세금을 정리해 보았다.

부동산은 다른 자산에 비해 내야 하는 세금이 많다. 투자를 하면서 매수 시에는 취득세, 보유 시는 재산세와 종합부동산세, 추가로 부가가치세와 종합소득세까지 적용되며, 매도 시에는 양도소득세 등 세금을 납부해야 하므로 세금 공부는 물론 세무사와 친해야 한다.

따라서 부동산 양도 전에 3명의 세무사와 양도소득세를 상담하여 3명의 세무사의 양도소득세 결과가 똑같았다면, 세무 수수료는 필요경비로 처리가 가능하므로 안전하게 부동산 매매를 처리할 수 있다.

부동산 양도 후에는 되돌릴 수 없기 때문에, 상담은 반드시 **계**

약 체결 전에 진행해야 한다.

　부동산 양도 시에는 국세인 양도차익에 따른 양도소득세와 지방세인 양도소득세의 10% 납부하는 것을 알아두는 것이 투자자에게는 세금에 대한 기초적인 상식이 되어야 한다.

　거래는 끝났는데 듣도 보도 못한 세금을 내라는 고지서가 날아온다면 굉장히 당황스러울 것이다. 심지어 적은 금액도 아니고, 당장 부담해야 할 세금이 아니더라도 앞으로 내야 할 세금에는 어떤 것이 있는지는 꼭 알아두는 것이 부동산 투자에 있어서 실질소득과 증가한다.

　결론적으로 부동산 양도 전에 3명의 세무사와 상담 후에 양도하는 것이 절세의 지름길이며 투자 성공의 밑받침이다.

03

일시적 2주택 비과세
1-2-3 법칙을 활용하라

  1세대 1주택 비과세는 거주자인 1세대가 양도일 현재 국내에 1주택을 보유하고, 2년 이상 보유 또는 거주한 경우 주택이 1채인 경우에 한해 비과세된다. 단, 실질 거래가액이 12억 이하 주택에만 가능하다.

  하지만 실수요자도 일시적 2주택, 동거봉양, 혼인, 상속 등의 사유로 불가피하게 2주택이 되는 경우가 많다.

  세법은 이런 불가피한 경우에 비과세를 해주는 특례 규정을 두고 있으므로, 이를 잘 활용하면 세금을 크게 절약할 수 있다.

일시적 2주택 비과세 혜택을 받기 위한 전략이 바로 '1-2-3 법칙'이다.

1. **기존 주택을 취득하고 1년 이상 지나서 신규 주택을 취득**해야 한다.
2. 기존 주택은 양도 시점에 **2년 이상 보유 또는 거주**하여야 한다.
   (단, 취득 당시 조정 대상 지역에 있는 주택은 보유 기간 중 2년 이상 거주 요건이 추가된다.)
3. **신규 주택 취득일로부터 3년 이내에 기존 주택을 양도해야 한다.**

예를 들면, '2020년 8월에 기존 주택'을 취득하고, '2021년 11월에 신규 주택'을 취득하였다면, 기존 주택을 2년 이상 보유 또는 거주한 상태에서 '신규 주택 취득일로부터 3년 이내'인 기존 주택을 '2024년 11월까지' 팔면, 일시적으로 2주택으로 비과세 혜택을 받을 수 있다. 그리고 나서 신규 주택을 2년 이상 보유 또는 거주한 상태에서 팔면 다시 한번 비과세 혜택을 받을 수 있다.

비과세는 정부가 과세권을 포기한 것으로, 비과세 대상인 납세자는 세금을 납부하지 않는다. 단, 양도 당시 실지 거래가액 12억 원을 초과하는 고가 주택인 경우에는 12억 이하분에 대한 양도차익만 비과세하고, 12억 초과분에 대한 양도차익은 과세된다. 지방소득세는 양도소득세의 10%만큼 납부한다.

특히 주의할 것은 혼인으로 2주택이 된 경우 소득세법 시행령 제155(1세대 1주택의 특례)⑤와 1주택을 보유하고 1세대를 구성하는 자가 60세 이상의 직계존속을 동거 봉양하기 위하여 **세대를 합침**으로써, 일시적 2주택이 된 경우 **각각 혼인한 날**(종전 5년 이내 → 10년 변경됨) 및 **동거봉양**으로 인한 **합침날**로부터 10년 이내에 **먼저 양도**하는 주택(보유기간 등 비과세 요건을 충족한 주택을 말함)은 1세대 1주택으로 보아 비과세를 적용한다.

결론적으로 일시적 2주택의 '**1-2-3 법칙**'을 효과적으로 활용하는 것이 핵심 원칙이다.

04

필요경비를 챙겨라

   양도소득세에서 '필요경비'는 자산을 양도함으로써 발생한 소득을 얻기 위해 실제 지출한 비용을 의미한다.

   양도가액에서 공제할 필요경비는 크게 **세 가지**로 나눌 수 있다. **취득가액 비용, 자본적 지출액** 및 **양도 관련 직접비용** 등이다. 이는 양도소득세를 계산할 때 양도가액에서 차감하여 양도차익을 줄이는 역할을 한다. 이는 곧 납부해야 할 양도소득세를 절감하는 중요한 요소다.

필요경비 인정을 받기 위해서는 서류를 잘 보관해야 한다.

공급자 인적사항, 사업자 등록사항, 공급일자, 공급금액이 명시된 세금계산서, 카드 영수증, 현금영수증, 금융거래 증빙(무통장 입금증, 계좌이체) 등을 확보해야 한다.

필요경비 인정의 핵심 원칙은 양도와 직접 관련된 비용으로, 해당 비용이 자산의 취득, 보유 중 가치 증대, 양도 과정에서 직접 발생한 것인지가 중요하다.

필요경비로 인정받기 위해서는 지출 사실을 객관적으로 입증할 수 있는 서류가 필수적이다. 또한 **두 가지 조건을 갖추어야 한다.**

첫째는 세무 당국이 인정하는 항목이어야 한다. **세무 당국이 인정하는 항목**이란 자본적 지출로 자산의 가치를 증가시키는 것이어야 한다.

둘째는 **적격 증빙**을 갖추어야 한다. **적격 증빙 서류로는 세금계산서, 현금 영수증, 신용카드 영수증, 계산서** 등이다. 또한 **통장 이체 내역** 등 금융거래 내역과 함께 해당 지출의 내용(계약서, 견적서, 간이 영수증 등)을 확인할 수 있는 서류가 있다면 인정될 수 있다.

아래 표에 있는 항목은 사업자가 아닌 **개인 기준으로 필요경비 인정**이 된다고 보면 된다.

〈인정되는 범위〉

취득 시 들어간 비용		비고
- 취등록세 (영수증을 보관하지 못하더라도 지방세 납입증명서를 발급받을 수 있음) - 법무사 비용 - 중개수수료 - 국민주택채권 매각 차손	- 낙찰 시 경락대금에 포함되지 않는 대항력 있는 전세보증금 - 컨설팅 비용 - 매수자가 부담하는 양도소득세 - 노후 주택 철거 비용 - 취득을 위한 쟁송 비용	2018.4.1. 이후 양도분부터는 법적 증빙 이외에도 실제 지출 사실이 금융거래 증명서류에 의해 확인되면 공제 가능
수리 비용 (보유에 따른 수리비용)		
- 발코니 확장 비용 - 새시 설치 비용 - 방 확장 공사 - 난방을 위한 보일러 교체 비용 - 바닥공사 비용 - 상하수도 배관 공사비 - 홈오토 설치비	- 자바라 방범창 설치 비용 - 화장실 확대 공사 - 바닥 공사 - 베란다 확장, 욕실 확장, 주방 확장, 방 확장, 새시 교체, 상하수도 배관 교체 - 구조변경 리모델링	
양도 시 들어간 비용		
- 양도 중개수수료 - 양도 신고 세무사 신고 수수료		
기타		
- 전 소유자의 체납 관리비 - 재건축 부담금 (개발부담금 또는 재건축 초과 이익에 관한 법률)		

〈인정되지 않는 항목〉

인정되지 않는 항목	비고
- 집을 구입하기 위한 대출금 이자 - 경매 낙찰 후 세입자 양도 비용 - 자본적 증가가 아닌 유지·보수를 위한 수익적 공사비 (옥상 방수 공사, 상하수도 교체비, 정화조 교체, 보일러 수리비, 도배, 장판, 타일, 욕조, 변기 교체, 싱크대 및 주방기구 교체, 도색, 문짝 교체, 전등 교체, 샤워부스 설치, 베란다 타일 시공, 도배·장판, 벽면 도색, 싱크대 교체, 조명 교체, 신발장 설치, 보일러 수리, 재산세, 종합부동산세 등 보유세	

2018년 4월 1일 이후 양도분부터는 실제 지출 사실이 금융거래 증명서류(계좌이체 등)에 의해 확인되는 경우에도 공제를 받을 수 있다.

결론적으로 양도소득세 신고 시 필요경비는 절세의 중요한 부분이니, 부동산 거래 시 관련 서류들을 사전에 잘 보관해야 한다.

05

'자금 출처 조사'에 대비하라

    부동산 투자 시 자금출처 조사는 국세청에서 투기 과열을 방지하고 탈세 행위를 근절하기 위해 시행하는 중요한 절차이다. 예상치 못한 세무조사로 불이익을 당하지 않도록 사전에 철저히 대비하는 것이 중요하다.

    최근 국세청은 30~40대 및 사회 초년생 등을 중심으로 변칙적인 증여 행위에 대해 자금출처 조사를 강화하고 있다.

    특히 부동산 취득뿐만 아니라 고액 전세자금, 대출금 상환 등까지 조사 대상에 포함되므로 철저한 대비가 필요하다.

국세청 조사에 대비하여 통장 입출금 내역을 꼼꼼히 관리하고, 큰 금액 이동은 가급적 계좌이체로 남기며 현금 거래는 피하는 것이 좋다.

다음은 부동산 투자 시 자금출처 조사에 대비하는 방법이다.

1. 자금 흐름의 투명한 관리

투명하고 정확한 자금 흐름 관리로 부동산 매입 자금뿐만 아니라 관련 세금, 중개 수수료 등 모든 자금의 입출금 내역을 꼼꼼하게 기록하고, 관련 증빙 자료(은행 거래 내역, 계약서, 영수증 등)를 보관해야 한다.

현금 거래보다는 은행 계좌 이체를 통해 자금 이동 경로를 명확히 남기는 것이 좋으며, 가족 간 거래 시 증여세 문제가 발생할 수 있다.

차용증을 작성하더라도 실제 차입 및 상환 사실이 명확해야 한다.

2. 자금 출처 입증 자료 사전 준비

자금 출처 입증 자료 준비를 각각의 자금 출처별로 구분하여, 이를 입증할 수 있는 **객관적인 자료를 미리 준비해 두어야 한다.**

1) 본인 소득 증빙 서류
- 근로소득 : 근로소득원천징수영수증, 소득금액증명원, 급여통장 내역
- 사업소득 : 사업소득 증빙 서류, 소득금액증명원, 세금계산서, 매출 관련 장부
- 이자/배당 소득 : 금융기관 잔액증명서, 배당금 지급 명세서
- 연금소득 : 연금수령액 확인서
- 기존 부동산 처분 자금 : 부동산 매매 계약서, 양도소득세 신고서 및 납부 영수증
- 금융기관 대출 : 대출 계약서, 대출금 입금 내역
- 상속/증여 : 상속세 및 증여세 신고서 및 납부 영수증
- 기타 자금 : 기타 특수한 자금 출처의 경우, 이를 입증할 수 있는 객관적인 증빙 자료 (예: 복권 당첨금 지급 확인서 등)

2) 기존 자산 매각 시 입증 준비 서류
   예를 들어 주식, 토지, 건물 매각 등으로 마련한 돈이면 매도계약서, 대금 수령 증빙을 갖춰야 한다.

3) 대출금 관련 준비
   금융기관 대출이면 대출 약정서, 대출금 지급 내역 등을 준비해야 하고, 사인 간 대출(친인척 포함)이면 공증 서류가 있으면 더 확실하다.

3. 자금 출처 조사 시 예상 질문 및 답변 준비

국세청은 자금 흐름뿐 아니라 자금 형성 과정의 합리성, 탈세 여부를 종합적으로 검토한다. 예상 질문에 대해 미리 답변을 준비하는 것이 좋다.

자금출처 조사는 **구입가 6억 초과**, 법인 거래, 외국인 거래, 고가주택 매매 시 주로 이루어지며, 자금 흐름은 자연스럽고 논리적으로 연결되어야 한다.

일반적인 경우에는 취득자금의 80% 정도 소명하면 되며, 세대주 여부, 직업, 재산 상태 등을 고려하여 명백한 증여 증거가 없는 한 별도의 자금출처 조사를 하지 않는다.

30세 이상 세대주는 특별한 경우를 제외한 1억 5천만 원까지 자금 출처를 조사하지 않으며, 은행에서 빌린 돈도 출처로 인정된다.

주택 2억 원, 기타 재산 5천만 원을 합산하여 총 2억 5천만 원 미만일 경우 조사 대상에서 제외될 수 있다.

근로자는 총급여에서 세금만 차감한 금액을 취득자금으로 인정하며, 생활비 등 사용액은 무시, 단 신용카드 사용액은 차감된다.

부모·자식 간 또는 부부간 금전 거래 시, 금융기관 계좌이체, 무통장 입금 내역 등 소명 자료 준비가 필요하다.

4. 부동산 투자 전 세무 전문가 상담

부동산 투자 전 세무 전문가와 상담하여 자금 출처 조사에 대한 대비책을 마련하고, 절세 방안 및 불필요한 오해를 방지하고 적법하게 소명하는 것이 바람직하다.

5. 법규 확인 및 정보 업데이트

부동산 관련 세법은 자주 변경될 수 있으므로, 관련 법규를 꾸준히 확인하고 이해하는 것이 중요하다. 국세청 홈페이지나 세무 관련 서적, 강연 등을 통해 정보를 얻어야 한다. **핵심은 투명하고 정확한 자금 관리와 객관적인 증빙 자료 준비**이다.

부동산 투자는 신중한 계획과 철저한 준비가 필요한 만큼, 자금 출처 조사에 대한 대비 역시 소홀히 해서는 안 된다.

결론적으로 부동산 투자 시에는 국세청 조사에 대비하여 현금 거래보다는 은행 계좌이체를 통해 자금 이동 경로를 명확하게 남겨야 한다.

06

증여는 최소한
10년 단위로 하라

    다른 사람으로부터 재산을 무상으로 받으면, 재산을 받은 사람(수증자)이 증여세를 납부해야 한다. 증여세는 증여받는 재산가액에 따라 세율을 달리 적용하는 누진세 구조로 되어 있다.

    우리나라 증여세는 동일인으로부터 10년 이내에 증여받은 재산을 모두 합산하여 과세한다. 따라서 세법에서는 이런 편법을 막기 위해, 10년 동안 같은 사람(증여자가 직계존속(부모, 조부모)일 경우, 그 직계존속의 배우자 포함)을 동일인으로 간주한다.

    그럼, 증여는 왜 10년 단위로 끊어야 할까? 현행 세법상 증여세는 10년 단위로 공제 한도가 갱신되기 때문이다.

1. 증여세 공제 규정

증여를 받는 사람은 10년마다 일정 금액까지 증여세 없이 공제를 받을 수 있으며, 이 10년간 받은 증여금 합산이 재산공제 한도액 이내이면 증여세가 없거나 적게 낸다.

관계	10년간 증여 재산 공제 한도 (2025년 기준)
배우자 간	6억 원
부모 → 자녀	5,000만 원 (미성년자 2,000만 원)
혼인, 출산 (2024.1.1부터 혼인 신고일 전후 또는 출생·입양일 전후 2년 이내)	1억 원 (직계존속으로부터 증여받은 재산에 대해 최대 1억 원까지 추가 공제됨)
기타 친족 (4촌 이내의 혈족, 3촌 이내의 인척)	1,000만 원

즉, 10년 내 여러 번 나눠 받으면 합산되므로, 10년을 넘기고 다시 증여해야 새로 공제를 받을 수 있다.

조부모와 부모는 같은 직계존속으로 판단되므로, 할아버지와 아버지로부터 증여세 없이 증여받을 수 있는 금액은 5,000만 원(미성년자 2,000만 원)이다.

2. 연속 증여는 세무서에서 합산 과세

예를 들어 5년 간격으로 나눠서 증여해도, 10년 이내면 합산하여 세금을 매긴다. 따라서 10년 이상 기간을 두고 증여해야 세금을 덜 내거나 피할 수 있다. 다만 증여 계획을 세울 때는 다음과 같은 점들도 함께 고려하는 것이 좋다.

1) 증여시점의 자산가치가 미래에 크게 상승할것으로 예상된다면, 미리 증여하는 것이 유리할 수 있다.
2) 증여 금액에 따라 세율이 달라지므로, **장기적인 관점에서 세금 부담을 최소화하는 방향**으로 계획을 세우는 것이 중요하다.
3) **전문가와 상담**하여 상속 및 증여 계획과 연계하여 증여 시기와 금액을 결정하는 것이 좋다.

3. 증여할 때 주의할 점

증여계약서 작성은 필수이며, 증여 후 통장 흐름이나 재산 이동 내역을 확실하게 남겨야 한다. 미성년자에게 증여하는 경우에는 합리적인 사용계획과 증빙이 필요하며 단순히 부모가 관리하면 부당하게 볼 수 있다.

부동산 증여는 취득세(3.5~12%)가 별도로 발생한다.

4. 증여 후 양도제한 규정

증여받은 자산은 **10년 이내 양도 시** 이월과세 규정에 따라, 증여자(주는 사람)의 취득가액으로 인정 → 양도차익 큼

10년 이후 양도 시, 수증자의 증여 당시 시가를 취득가액으로 인정 → 양도차익 감소 → 양도세 부담 줄어듦

즉 증여 후 10년 이내에 매도하면 양도세가 커질 수 있으므로, 10년 이후에 파는 것이 세금 측면에서 유리하다.

결론적으로 10년 단위 증여는 세금 측면에서 유리한 전략일 수 있지만, 개인의 상황과 자산 규모, 미래 전망 등을 종합적으로 고려하여 신중하게 결정하는 것이 중요하다.

요즈음 자녀가 태어나자마자 증여하는 것이 유행이다. 태어나자마자 2,000만 원 증여하고, 10살 때 2,000만 원 증여하고, 20살 때 5,000만 원 증여하고, 또다시 10년 후 30대에 5,000만 원을 증여하면 증여세를 부담하지 않고도 **합법적으로 자녀가 30세가 될 때까지 1억 4천만 원을 이전**할 수 있다.

만약 증여 재산이 부동산이거나 비상장주식일 경우, 30년 동안의 자산 가치 상승을 고려한다면 생각보다 많은 금액을 증여세 부담 없이 자녀에게 합법적으로 증여할 수 있다. 증여 시에는 현금보다는 부동산 증여가 더 효과적이다.

07

'장기보유 특별공제'를 활용하라

　장기보유 특별공제는 부동산 투자 시 양도소득세를 절감할 수 있는 중요한 세금 혜택이다. 이는 토지, 건물(주택 포함) 등을 3년 이상 보유하고 양도할 때 발생하는 양도차익에 대해 보유 기간에 따라 일정 비율을 공제해 주는 제도이다.

　부동산을 3년 이상 보유한 경우, 양도소득금액을 계산할 때 양도차익의 일정 비율을 공제해 주므로, 보유기간이 길수록 더 많은 금액을 공제받을 수 있다.

　장기보유 특별공제는 1세대 1주택과 1세대 1주택 외 부동산으로 나누어 다음과 같이 적용된다.

1. 1세대 1주택

2년 이상 보유하거나 거주했다면 일반적인 공제율보다 훨씬 높은 특별공제율을 적용받을 수 있다.

보유 기간과 거주 기간에 따라 각각 연 4%씩, 최대 80%까지 공제가 가능하다. 1세대 1주택자라도 **양도가액이 12억 초과**하는 고가주택은 **12억 원을 초과하는 부분**에 대해서는 양도소득세가 과세된다. 이 과세 대상 양도차익에 대해 장기보유 특별공제를 적용받을 수 있다.

2. 1세대 1주택 외

최소 3년 이상 부동산을 꾸준히 보유해야 한다. 보유 기간이 길어질수록 공제율이 높아지며, **일반적인 부동산의 경우 3년 보유 시 6%부터 시작하여 1년마다 2%씩 증가, 15년 이상 보유 시 최대 30%까지 공제받을 수 있다.**

3. 장기보유 특별공제 적용 불가 사례

미등기 상태로 부동산을 양도하거나, **다주택자가 조정대상지역** 내 주택을 양도하는 경우, **조합원으로부터 취득한 조합원입주권을 양도**하는 경우, 보유기간이 **3년 미만인 주택**을 양도하는 경우에는 장기보유 특별공제를 적용받을 수 없다.

4. 주택 임대 사업자 특례

주택 임대 사업자로 등록하고 일정 요건을 충족하는 임대 주택을 6년 이상 임대 후 양도하는 경우, 기본 장기보유특별공제율에 더해(+) 최대 10% 추가 공제, 장기 임대 8년 이상 50%, 10년 이상 70%의 특례공제율을 적용받을 수도 있다.

5. 적용 시 주의 사항

양도소득세는 **양도 시점의 세법**을 기준으로 적용받으므로, **양도 전에 국세청 126번 또는 3명의 양도 전문 세무사**와 상담 후에 계약을 체결하고 양도해야 한다.

법인이 소유한 부동산에는 장기보유 특별공제가 적용되지 않는다.

결론적으로 장기보유 특별공제를 효과적으로 활용하기 위해서는 투자 계획 단계부터 장기보유를 염두에 두고, 관련 세법 규정을 정확히 이해하고 투자해야 한다.

08
증여와 상속을 비교 분석하라

    증여와 상속은 모두 무상으로 재산을 이전하는 행위이지만, 몇 가지 중요한 차이점이 있다. 증여와 상속의 공통점과 차이점을 알아보고, 본인의 상황에 맞게 현명한 선택을 하는 것이 중요하다.

1. '증여'와 '상속'의 공통점

    증여와 상속 모두 '부(富)의 무상 이전'이다.
    즉, 증여와 상속 모두 아무런 대가 없이 개인 A의 부가 개인 B

에게 무상으로 이전된다는 공통점이 있다.

이 공통점 때문에 증여와 상속을 구분하지 못하는 경우가 종종 발생한다.

2. '증여'와 '상속'의 차이점

'**증여**'는 재산을 **증여자**(재산을 주는 사람)가 살아있는 동안 **수증자**(재산을 받는 사람)에게 이전하는 것이고, '**상속**'은 사망 후 재산을 피상속인이 법률 규정 또는 유언에 따라 상속인에게 이전하는 것이다. 가장 **핵심적인 차이점은 '재산 이전 시점'**이다. 증여는 생전에 이루어지는 반면, 상속은 사망 후에 발생한다.

또한 증여는 친족뿐만 아니라 타인에게도 자유롭게 재산을 이전할 수 있으며, 상속은 법률에 따라 상속 순위가 정해져 있으므로 주로 피상속인의 배우자, 직계비속, 직계존속, 형제자매, 4촌 이내의 방계혈족에게 이전된다.

3. '증여'와 '상속' 시 발생하는 세금

증여세와 상속세는 모두 무상으로 재산을 이전받을 때 발생하는 세금이지만, 과세 방식과 공제 제도에서 차이가 있다.

세율 자체는 동일하지만, 세금 계산 방식의 차이로 인해 실제

세 부담은 달라질 수 있다.

증여세는 수증자 기준으로 과세하며, 증여받은 재산에 대해서만 세금이 부과된다. 동일인으로부터 10년 이내에 증여받은 재산은 합산하여 과세된다. 배우자, 직계비속, 기타 친족(4촌 이내의 혈족, 3촌 이내의 인척) 등 수증자와의 관계에 따라 공제액이 다르다.

상속세는 피상속인의 전체 상속재산을 기준으로 과세하며, 상속인 각자가 상속받은 비율에 따라 세금을 부담하는 연대 납세 의무가 있으며 배우자 공제, 자녀 공제, 일괄 공제 등 다양한 공제 제도가 적용될 수 있다.

일반적으로 증여세는 수증자별로 과세되어 분산 효과를 볼 수 있지만, 상속세는 전체 재산을 기준으로 과세되어 높은 세율이 적용될 수 있다. 다만 상속세의 공제 제도를 잘 활용하면 세 부담을 줄일 수 있다.

'증여'가 발생하는 경우 '증여세' 납세의무가 발생하고, '상속'이 발생하는 경우 '상속세' 납세의무가 생긴다.

증여세의 신고 기한은 증여세를 **받은 달의 말일로부터 '3개월 이내'** 신고 납부해야 한다. 예를 들어 2024년 3월 10일에 증여를 받았다면 2024년 6월 30일까지 증여세를 신고 납부해야 한다.

상속세의 신고 기한은 **상속개시일**(피상속인의 사망일)이 속하는 달의 말일로부터 '6개월 이내' 신고 납부해야 한다.

4. '증여' 또는 '상속' 시 취득가액을 높여라

증여나 상속으로 주택을 취득한 경우, **증여일 또는 상속개시일**의 주택 시가가 취득가액이 된다.

이는 향후 주택 양도 시 취득가액이 되므로 양도소득세 측면에서는 증여 재산 공제 또는 상속 공제가 적용되는 범위 내라면 취득원가가 높을수록 세금을 절세할 수 있다.

또한 **증여 시점의 주택 가격을** 감정평가를 통해 시가로 인정받아 취득가액을 높이면, **향후 양도소득세 부담을** 줄일 수 있다.

필자는 안산시 상록구에 거주하는 ○○아파트를 배우자에게 2022년 4월에 증여하였다. 배우자 증여세 공제액 한도가 6억 원이라 거주하는 아파트를 감정평가사에게 6억 1천만 원으로 평가해서 1천만에 대해 증여세를 내고자 하였다. 그런데 감정평가사가 시세가 6억 원밖에 안 된다고 해서 증여세는 내지 않고, 취등록세 1,200만 원 정도 납부하고 배우자에게 명의 이전하였다.

증여한 이유는 **자산 가치 상승에** 있는 부동산을 세금 절약 차원에서이다. 배우자가 5년 이후에 거주하는 아파트를 처분할 때 취득가액이 6억 원이라 양도소득세 및 종합부동산세를 절세하기 위해서다.

참고적으로 **2022년 12월 31일 이전에 증여받은** 자산을 **5년 이내에** 양도하는 경우에는 이월과세가 적용된다. 반면, **2023년 1월**

1일 이후 증여받은 자산은 **증여일로부터 10년이** 지나 양도해야 이월과세가 적용되지 않는다.

증여는 향후 가치가 상승이 예상되는 자산을 미리 증여하면 상승분만큼의 세금을 절약할 수 있다. 또한 10년 단위의 증여세 면제 한도를 활용하여 장기간에 걸쳐 분산 증여하는 방법이 있으며, 상속은 배우자 공제를 최대한 활용하거나, 생전에 상속재산을 분산하여 상속세 과세표준을 낮추는 방법을 고려할 수 있다.

기타 고려 사항으로는 증여 후 10년 이내에 증여자가 사망하는 경우, 사전 증여 재산은 상속재산에 합산되어 상속세가 과세될 수 있다. 증여세, 상속세는 자진 신고하면 산출된 **증여**(상속)**세에 3% 세액 공제**된다.

배우자, 직계 존비속 간의 무통장으로 입금되는 현금은 세무 당국에서 증여로 추정할수 있으니, **이체하는 경우 꼭 이체 내용을 기재하거나 앞서 언급한 내용에 따라 적절한 범위 안에서 계획하여 증여해야 한다.**

은행에서 고액으로 환전한 경우 은행에서 국세청에 통보할 수 있으니, 주의해야 한다.

2024년 1월 1일부터 '혼인신고일 전후 2년 이내 또는 자녀의

출생·입양일부터 2년 이내'에 직계존속으로부터 증여받은 재산에 대해서는 '최대 1억 원이 추가로 공제'되므로 1인당 총 **1억 5천만**까지 가능하며, 양가 합산 3억 원까진 증여 재산 공제가 되니 참고하길 바란다.

자금 출처가 불분명하더라도 특정 금액 이하(취득가액의 20% 또는 2억 원 중 적은 금액)의 경우에는 증여로 '추정'하지 않을 수 있다. 단, **실제 증여 사실이 확인되면 과세된다.**

따라서 단순히 일정 금액 이하를 증여 추정하지 않는다고 하여 세금이 없다고 오인해서는 안 된다. 증여받은 사실이 있다면 증여 재산 공제 한도를 확인하고 신고하는 것이 중요하다.

결론적으로 말하자면 증여와 상속은 각각 장단점을 가지고 있으며, 어떠한 방식이 유리한지는 개인의 재산 규모, 가족관계, 향후 자산 가치 변동 예측 등 다양한 요인에 따라 달라질 수 있다.

따라서 세무 전문가와 상담하여 본인의 상황에 맞는 최적의 재산 이전 계획을 수립하는 것이 중요하다.

맺음말

    필자는 군 제대 후 1983년 1월 1일부터 충주시 공무원으로 근무를 시작하였다. 이후 1984년 3월, 야간대학에 진학하기 위해 의원면직하였으며, 1985년 9월부터 2018년까지 서울시 공무원으로 재직하였다.
    종로구청, 구로구청, 상수도사업본부 및 산하 사업소, 서울시청 복지본부 등을 거쳐 근무하면서 주경야독으로 학사, 석사, 박사 학위를 취득하였다. 34년간 공직 생활을 하며 성공과 부의 증진을 위해 부단히 공부하고 노력하였다.

    이 책은 독자 여러분이 아파트, 상가, 토지 등에 투자할 때 장점과 유의 사항을 이해하고, 부동산을 구입하는 과정에서 재테크의 정석이자 불변의 법칙을 실천할 수 있도록 돕기 위한 것이다.
    이론을 충분히 숙지한 뒤 자신의 자본과 여건에 맞게 조금씩 실천한다면 반드시 부자가 될 수 있다고 확신한다. 투자 과정에서의 실패는 자연스러운 일이며, 그것이 곧 경험이 된다. 실수는 피할 수 없지만, 같은 실수를 반복하지 않는 지혜가 진정한 자산이다.

    필자는 부동산 투자에서 큰 실패를 겪은 적은 없지만, 서울시 공무원으로 재직하면서 안산시에 거주하다 보니 대부분의 부동산(아파트, 상가 등)을 안산에 보유하게 된 점이 아쉬움으로 남는다.

2018년 퇴직 후에는 보유 자산을 살펴보고, 이제는 '부의 증진'보다는 절세와 안정적인 노후생활을 목표로 안산의 아파트와 상가를 순차적으로 처분하고 '똘똘한 한 채'를 보유하는 전략을 택하고자 한다.

부동산 투자 시에는 정부 정책에 순응하며, 수도권 아파트보다 입지 좋은 서울 역세권 아파트를 구입하는 것이 바람직하다. 필자 역시 수많은 시행착오를 겪으며 지금의 현실적이고 안정적인 자산관을 확립할 수 있었다.

2025년 하반기에는 금리가 인하 또는 유지되는 흐름 속에서 국토종합계획과 도시기본계획을 면밀히 분석하고, 인구가 증가하는 지역에 투자하는 것이 바람직하다.

부동산은 실물자산으로서 인플레이션 헤지(hedge) 효과가 있어, 물가 상승에도 자산 가치를 지킬 수 있는 현명한 투자 전략이 된다.

이 책에서 다룬 아파트 투자, 상가 운영, 토지 취득에는 각각 장단점과 유의 사항이 존재한다. 이를 단순히 이론으로만 받아들이지 말고, 실제 투자 과정에서 발생할 수 있는 변수들을 이해하며 신중하게 적용해야 한다.

이 책을 덮는 순간이 끝이 아니라, 여러분의 새로운 시작이 되기를 바란다.

작은 규모의 투자라도 직접 경험해 보는 것이 중요하다. 갭 투자라도 소형 아파트 한 채, 작은 상가 한 칸, 혹은 당진의 작은 땅 100평이라도 투자해 보기를 바란다.

올바른 안목으로 바라본다면 그것이 여러분의 삶을 지탱하는 든든한 자산이 될 것이다. 그리고 이를 뒷받침하는 세법 이해가 더해진다면, 여러분의 재테크 여정은 한층 더 안전하고 풍요롭게 이어질 것이다.

여러분의 도전과 성장이 늘 지혜롭고 성공적이기를 진심으로 기원한다.

마지막으로, 이 책의 출간을 위해 아낌없는 배려와 정성을 다해주신 도서출판 행복에너지 권선복 대표님과 편집부 직원 여러분, 그리고 진심 어린 격려와 조언을 아끼지 않은 보배 같은 안사람 한은숙 여사, 종선 가족, 민선 가족, 사랑하는 손자 시후, 도후, 지혜 아빠, 송동섭 이사장님, 이용학 대표님, 양군섭 교수님, 박보식 교수님, 송준호 세무사님께 깊이 감사드린다.

〈참고 도서〉 (가나다순)

- 고명석. 2018. 『철도를 알면 돈이 보인다』, 한국경제신문
- 구만수. 2017. 『구만수 박사 3시간 공부하고 30년 써먹는 부동산 시장 분석 기법』, 한국경제신문
- 국세청과 행정자치부. 2025. 『주택과 세금』, 국세청과 행정자치부
- 꿈부. 2024. 『그래도 부동산』, 한빛비즈
- 김동우. 2022. 『투에이스의 부동산 절세의 기술』, 지혜로
- 김명규. 2002. 『오르는 부동산을 사들이는 100가지 방법』, 아라크네
- 김명찬. 2025. 『나는 빌딩 중개로 건물주가 되었다』, 아라크네
- 김성혜. 2022. 『상위 1%만 알고 있는 돈 버는 지식산업센터』, 라온북
- 김순환·이정선. 2018. 『부자들은 지금 초소형 부동산을 산다』, 한스미디어
- 김윤수·신방수. 2018. 『재테크 트렌드 2018』, 아라크네
- 김학렬. 2025. 『경기도 부동산의 힘』, 에프엔미디어
- 망고쌤. 2025. 『아파트 슈퍼사이클』, 베가북스
- 박성훈. 2004. 『부자 되는 땅이 최고다』, ㈜아이스토리
- 박원갑. 2017. 『박원갑의 부동산 투자원칙』, 한국경제신문
- 박홍기. 2021. 『땅 투자 100계명』, 바른북스
- 서영창. 2020. 『맹지 탈출 노하우: 건축과 도로』, 맑은샘
- 시크릿브라더. 2021. 『나는 1000만 원으로 아파트를 산다』, 황금부엉이
- 신방수. 2024. 『합법적으로 세금 안 내는 110가지 방법』, 아라크네

- 이동기. 2025, 『세금을 알아야 부가 보인다』, 청림출판
- 이상우. 2017, 『대한민국 부동산 대전망』, 원앤원북스
- 이재헌. 2021, 『세무사가 알려주는 2021 부동산 셀프 절세』, 리즈앤북
- 이제문·박철. 2015, 『2016~2018 대한민국 부동산 대전망』, 고려원북스
- 이주현. 2017, 『나는 부동산으로 아이 학비 번다』, 알키
- 이준영. 2017, 『1인 가구가 만드는 새로운 경제 '1코노미(1conomy)'』, 21세기북스
- 전은규. 2018, 『집 없어도 땅은 사라』, 국일증권경제연구소
- 전철·김인만. 2021, 『돈이 되는 상가를 사라』, 황금부엉이
- 전희영. 2019, 『무조건 성공하는 지식산업센터 투자』, 원앤원북스
- 정민우. 2017, 『월급보다 월세 부자』, 한국경제신문
- 정병철. 2025, 『한국의 땅부자들 – 절대 변하지 않는 부를 축적하는 비결』, 유노북스
- 진명기. 2003, 『돈 버는 땅, 돈 되는 전원주택』, 굿인포메이션
- 택스워치. 2020, 『2020년 세금 완전 정복』, 어바웃어북
- 통계청. 2020, 『2020 인구주택총조사』
- 표영호. 2025, 『공급자의 시선』, 황금부엉이
- 한정훈 외 3인. 2020, 『한국경제TV 시장을 읽는 부동산 투자』, 베가북스
- 인터넷 및 AI 인공지능(Gemini·ChatGPT), 신문, 유튜브 자료 참조
- IGO 빡시다. 2018, 『교통망도 모르면서 부동산 투자를 한다고?』, 잇콘
- 국세청 홈페이지
- 부동산114 REPS

권선복 | 도서출판 행복에너지 회장

 삶을 살아가다 보면, 어느 한순간 "이제는 제대로 알고, 제대로 준비해야 한다"는 깨달음이 찾아오는 때가 있습니다. 부동산 투자 역시 그렇습니다. 누군가는 운이 좋아 돈을 벌었다고 말하지만, 진짜 부자가 되는 길은 결코 우연이 아니라 원리·철학·실천의 누적이라는 사실을 저는 수많은 책과 사람을 만나며 확인해왔습니다. 안정기 박사님의 『100억대 자산가가 되기 위한 부동산 투자』는 바로 그 '누적의 힘'을 가장 정확하고 가장 정직하게 보여주는 책입니다.

 특히 저자가 강조하는 '정책에 순응하는 투자를 하라', '부동산 투자는 예측이 아니라 대응의 영역이다'와 같은 기초적 관점은 단순 이론이 아닌 실전에서의 투자라는 것이 무엇인지 잘 보여주고 있습니다. 작은 상가 한 칸, 소형 아파트 한 채라도 직접 보고, 직접 판단하고, 직접 경험해보라는 그의 조언은 큰 울림을 줍니다. 또한 이 책은 단순히 '어디에 투자해야 하는가'를 말하는 책이 아닙니다. 인구 흐름, 도시기본계획, 교통·산업 생태계, 정책 변화 이 네 가지를 어떻게 읽으면 손해를 피하고 미래를 준비할 수 있는지를 가장 확실하게 설계해주는 책입니다.

또한 우리가 흔히 생각하는 '투자' 이상으로 현실적이고 중요한 '세테크 전략'을 비중 있게 다루는 점도 이 책의 특징입니다. 양도세, 취득세, 필요경비, 자금출처 조사 등 많은 독자들이 가장 어려워하는 분야를 가장 쉽게, 그리고 가장 현실적으로 풀어놓았습니다. 저자 스스로도 "세금을 모르면 투자 절반을 잃는다"고 말하는 이유가 이 책을 읽으면 명확히 드러납니다.

부동산을 잘 모르는 청년이라도, 가족의 미래를 준비하는 가장이라도, 은퇴 후 안정된 삶을 꿈꾸는 중·장년 독자라도 이 책을 천천히, 그러나 끝까지 읽는다면 '절대 손해보지 않는 법칙'이 분명 눈앞에서 열릴 것입니다. 무엇보다 저는 이 책이 "지금보다 더 나은 삶을 살고 싶다"는 독자들의 마음에 가장 현실적인 힘이 되어주길 진심으로 바랍니다.

저자의 열정, 현장, 철학, 진심이 여러분의 인생에 든든한 나침반이 되기를 기원합니다.

함께 보면 좋은 책들

이채필이 던진 짱돌

이채필 지음 | 값 30,000원

이 책은 이채필 전 고용노동부 장관의 역경과 도전으로 가득찬 삶과 더불어 고용노동부 소속 공무원에서 시작하여 장관에 이르기까지 노동 관련 업무를 하면서 확립하고 지켜 온 노동 관련 행정에 관한 신념 및 그에 따른 행보를 다루고 있는 책이다. 대한민국의 갈등적 노사관계 해소를 위하여 시행했던 다양한 노사관계 개혁의 실행 과정과 함께 실무에 앞장선 행정가의 지혜가 고스란히 담겨있다.

중견기업 CEO와 비전공자를 위한
회계원리

노영래 지음 | 값 25,000원

이 책은 CEO와 창업자들에게 숫자가 아닌 그림과 사례로 회계의 원리를 이해하고, 경영자로서 필요한 정보를 읽어낼 수 있도록 돕는 데에 중점을 두고 있다. 그렇기 때문에 숫자 사용은 최대한 배제하고 있으며 회계를 이해하는 데에 필요한 필수 개념과 재무제표의 작성 원리를 도식, 그림과 함께 쉬운 문장으로 설명하는 데에 중점을 두고 있는 것이 특징이다.

밥상머리 교육에서 시작하는
우리 아이의 미래

신종우 지음 | 값 20,000원

이 책은 전통적인 '밥상머리 자녀교육'과 다문화 사회, AI 시대 등의 현대적 키워드를 결합하여 자녀교육의 새로운 길을 제시한다. 특히 이 책은 온 가족이 함께 밥상머리 규칙을 만들고 식사를 준비하는 등 부모들에게 '밥상머리'라는 기회를 통해 자녀와의 동등한 소통의 대화법을 제시하고 있는 것이 특징이다.

청렴 그 길을 묻다

박종성 지음 | 값 22,000원

한국건설기술연구원에서 33년간 연구 및 행정업무에 봉직한 바 있으며 현재는 청렴전문강사로 활동 중인 저자는 이 책 『청렴 그 길을 묻다』를 통해 청렴교육의 당사자인 공직자들뿐만 아니라 일반 국민들도 가슴 깊이 담아두어야 할 '청렴'의 본질을 이야기한다. 특히 단순한 청렴 관련 법령의 나열에서 벗어나 인문학을 통해 청렴의 당위성을 이야기하고 공감 및 감동을 불러일으키고 있는 것이 이 책의 특징이다.

좋은 **원고**나 **출판 기획**이 있으신 분은 언제든지 **행복에너지**의 문을 두드려 주시기 바랍니다.
ksbdata@hanmail.net   www.happybook.or.kr   문의 ☎ 010-3267-6277

'행복에너지'의 해피 대한민국 프로젝트!

〈모교 책 보내기 운동〉 〈군부대 책 보내기 운동〉

한 권의 책은 한 사람의 인생을 바꾸는 힘을 가지고 있습니다. 한 사람의 인생이 바뀌면 한 나라의 국운이 바뀝니다. 그럼에도 불구하고 많은 학교의 도서관이 가난하며 나라를 지키는 군인들은 사회와 단절되어 자기계발을 하기 어렵습니다. 저희 행복에너지에서는 베스트셀러와 각종 기관에서 우수도서로 선정된 도서를 중심으로 〈모교 책 보내기 운동〉과 〈군부대 책 보내기 운동〉을 펼치고 있습니다. 책을 제공해 주시면 수요기관에서 감사장과 함께 기부금 영수증을 받을 수 있어 좋은 일에 따르는 적절한 세액 공제의 혜택도 뒤따르게 됩니다. 대한민국의 미래, 젊은이들에게 좋은 책을 보내주십시오. 독자 여러분의 자랑스러운 모교와 군부대에 보내진 한 권의 책은 더 크게 성장할 대한민국의 발판이 될 것입니다.

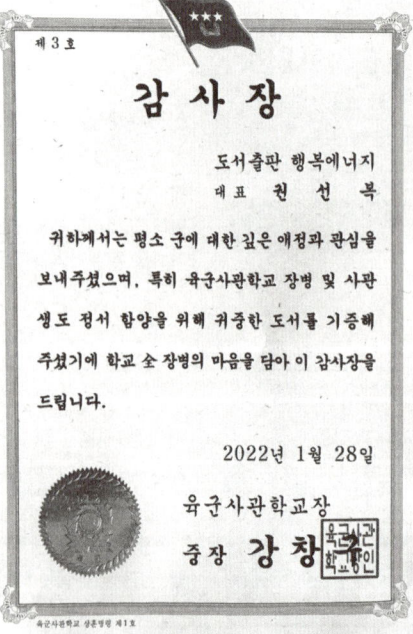